Peter Proksch

Die Euro-Münzen

Die Münzprägungen und Banknoten der Euro-Staaten

BATTENBERG

GIETL VERLAG

Die Deutsche Bibliothek - CIP-Einheitsaufnahme

Proksch, Peter:
Die Euro-Münzen : die Münzprägungen und Banknoten der
Euro-Staaten / Peter Proksch. - 2., aktualisierte Aufl. - [München] :
Battenberg; [Regenstauf] : Gietl, 2002
    ISBN 3-89441-541-X
    ISBN 3-924861-63-3

2. aktualisierte Auflage 2002
© 2002 by H. Gietl Verlag & Publikationsservice GmbH
www.gietl-verlag.de

ISBN 3-924861-63-3 (Gietl Verlag)
ISBN 3-89441-541-X (Battenberg)

Vorwort

Die vorliegende 2. Auflage hatte Redaktionsschluß am 1. August 2002. Soweit es möglich war, hat der Verfasser alle ihm verfügbaren Informationen zusammengetragen und publiziert. Aufgrund der Tatsache, daß zum Teil verschiedene Informationen in der Fachpresse zu ein und denselben Sachverhalt kursieren, hat sich der Autor für seine durch ihn recherchierten Daten und Fakten entschieden.

Die Informationspolitik der zuständigen staatlichen Stellen ist von Land zu Land unterschiedlich. Einige Länder informieren umfassend und zeitnah, während andere sich sehr zurückhaltend geben. Die daraus resultierenden Lücken finden naturgemäß auch im Buch ihren Niederschlag.

Die angegebenen Preise können nur Richtwerte sein. Der Markt für Euro-Münzen – zur Zeit noch in einer hektischen Anfangsphase – wird sich erst stabilisieren. In den auf dem Markt zur Zeit kursierenden Preislisten gibt es teilweise beachtliche Unterschiede.

Dank

Zum Gelingen dieser Arbeit haben auch wesentlich beigetragen Damen und Herren der zuständigen Finanzministerien und Prägeanstalten.

Nicht zu vergessen sind u. a. die Firmen Thöle in Süstedt, Hercher in Umkirch, Priese & Mehlhausen in Berlin und EMK in Erftstadt

Diese alle haben den Autor bei seiner Arbeit mit Informationen vielseitiger Art unterstützt.

Diesen danke ich und weise der guten Form halber darauf hin, daß dem Autor allein verbleibende Fehler anzulasten sind.

Der Autor selbst bittet die Leser um freundliche Hinweise zur Verbesserung des Buches.

Peter Proksch, August 2002

Inhalt

Der Euro ist der überzeugendste und pragmatischste Schritt in Richtung eines vereinten Europas. Dieser Schritt bringt den Bürgern Europas den Einheitsgedanken näher als alle anderen vorherigen Maßnahmen. Als einheitliches Zahlungsmittel in Europa

- trägt er zur Stärkung einer gemeinsamen europäischen Identität bei,

- stabilisiert er die europäische Gemeinschaft,

- hat er deswegen eine friedensstiftende Wirkung,

- unterstützt er die zukünftige gemeinsame Außen- und Sicherheitspolitik und

- gibt er die Basis für eine europäische Wirtschafts-, Arbeits- und Sozialpolitik.

Der Weg zum Euro war lang. Der französische Währungsexperte Jacques Rueff machte bereits 1950 den berühmt gewordenen Ausspruch: „L'Europe se fera par la monnaie ou ne se fera pas" („Europa entsteht über das Geld, oder es entsteht gar nicht").

Die einheitliche Währung der zwölf Euro-Länder stellt sich zu Beginn der Ausgabe der Euro-Münzen – ohne die Unterschiede in den Jahreszahlen – in **176 verschiedenen Münzen** dar – ein Paradies für Münzsammler. Die Einführung der gemeinsamen Währung – dargestellt in Euro-Münzen – bringt keine Einheitlichkeit, anders als die Banknoten, die in allen Ländern des Euro-Währungsgebietes gleich sind. Neben diesen zwölf EU-Ländern geben noch drei weitere Länder Euro-Münzen aus: das Fürstentum Monaco, die Republik San Marino und der Vatikan-Staat. Diese drei Länder steuern weitere **24 verschiedene Euro-(Umlauf-)Münzen** bei.

Gültig ist der Euro aber in einem viel größeren Gebiet als nur in den europäischen Territorien dieser Euro-Länder.

1. Historischer Überblick

Mit seinen vielen Währungen erinnerte Europa an die Kleinstaaterei in Deutschland des frühen 19. Jahrhunderts. Die Vereinheitlichung der Währungen in Deutschland erfolgte in mehreren Schritten

1837 für die nach Gulden und Kreuzer rechnenden süddeutschen Staaten im Rahmen der **Münchner Münzkonvention vom 25. August 1837,**

1838 mit der Schaffung der VEREINSMÜNZE (3 ½ Gulden = 2 Taler) als monetäre Brücke zwischen den Guldenländern Süddeutschlands und der Mehrheit der nach Talern und Groschen rechnenden norddeutschen Länder im Rahmen der **Dresdener Münzkonvention vom 30. Juli 1838,**

1857 mit der Schaffung des VEREINSTHALER als Bindeglied zwischen den Gebieten der österreichischen, süddeutschen Guldenwährung und der Talerwährung im Rahmen der **Wiener Münzkonvention vom 24. Januar 1857,**

1871 mit der Einführung der Markwährung für ganz Deutschland.

Auf der Ebene Europas ist der Gedanke einer Europäischen Münzunion bereits im 19. Jahrhundert zum Teil verwirklicht worden.

Am 23. Dezember 1865 hatten auf Anregung Napoleons III. die Länder Frankreich, Belgien, Italien und die Schweiz die **Lateinische Münzunion** gegründet. 1868 schloß sich Griechenland an. Im 1. Weltkrieg hat diese Union ihr Ende gefunden, formell ist sie 1927 aufgelöst worden.

Einen anderen Versuch hatten am 18. Dezember 1872 die drei skandinavischen Länder Dänemark, Norwegen und Schweden mit der **Skandinavischen Münzunion** unternommen, die um einiges besser funktionierte als die Lateinische Münzunion. Während Schweden und Dänemark diesen Vertrag über den Nordischen Münzbund ratifizierten, stimmte das norwegische Parlament nicht zu. 1877 wurde in einem Zusatzvertrag die norwegische Mitgliedschaft begründet. Ihr formelles Ende hat die Skandinavische Münzunion 1924 gefunden.

Für das Scheitern dieser beiden Münzunionen ist vornehmlich der Umstand zu nennen, daß die geldpolitischen Kompetenzen nicht zentralisiert waren. Ein Verzicht auf die Ausgabe eigener Banknoten (Aufgabe der währungspolitischen Souveränität) geht mit einer Einschränkung an staatlicher Souveränität einher. Es gab damals im ausgehenden 19. und beginnenden 20. Jahrhundert keine politische Vorstellung für eine gemeinsame, von staatlichen Einflüssen unabhängige zentrale Notenbank.

Nach dem 2. Weltkrieg ging es den führenden Politikern (Robert Schuman und Jean Monnet aus Frankreich, Konrad Adenauer aus Deutschland und Alcide de Gasperi aus Italien) darum, die Voraussetzungen zu schaffen, um u. a. über supranationale Organisationen Kriege – wie in der Vergangenheit – in Europa zu verhindern. Eine europäische Nachkriegsordnung war notwendig, die sowohl Sieger und Besiegte wieder zusammenführen und zukünftige Kriege in Europa unmöglich machen sollte. Der britische Premierminister Winston Churchill hatte bereits im September 1946 in einer Rede die „Vereinigten Staaten von Europa" als Ziel gefordert auf der Basis einer Partnerschaft zwischen Frankreich und Deutschland.

Die Europäische Union (EU) basiert auf drei Europäischen Gemeinschaften und auf Vertragsergänzungen.

- 1951, 18. April, Vertrag von **Paris (Montanunion)**
  Errichtung der Europäischen Gemeinschaft für Kohle und Stahl **(EGKS).** Mit der Montanunion ist zum erstenmal in Europa eine supranationale Vereinigung entstanden, in der wichtige Industriezweige gebündelt und dem nationalen Interesse entzogen worden waren. Die Gründung der Montanunion war der entscheidende Wendepunkt in der Geschichte Europas und ein Markstein der politischen Entwicklung Europas: ein Schritt zur Integration Europas. Die Initialzündung für die europäische Einigung war erfolgt.

- 1957, 25. März, Vertrag von **Rom (Römische Verträge)**
  Errichtung der Europäischen Wirtschaftsgemeinschaft- **(EWG)** und **Euratom** (Europäische Atomgemeinschaft)

- 1965, 8. April, Fusionsvertrag
  Fusionsvertrag über die Verschmelzung der Organe der drei weiterhin selbständigen Teilgemeinschaften EGKS, EWG und EURATOM) mit gemeinsamen Einrichtungen: Rat, Kommission, Parlament und Gerichtshof (Europäische Gemeinschaften = EG).

- 1979, 13. März in Paris
  Der Europäische Rat bringt rückwirkend zum 1. Januar 1979 das Europäische Währungssystem (EWS) mit dem ECU (European Currency Unit) als Währungs- und Recheneinheit auf den Weg.

- 1986, 28. Februar
  Die zwölf Mitgliedsstaaten unterzeichnen die Einheitliche Europäische Akte u. a. mit der Schaffung des Europäischen Binnenmarktes und Beteiligung des Europäischen Parlaments an der Gesetzgebung.

- 1989, 26./27. Juni
  Der Ministerrat heißt in Madrid den Delors-Plan als zweiten[1] Anlauf zur Errichtung einer Währungs- und Wirtschaftsunion gut mit Beginn 1. Juli 1990.

---

1) Im Herbst 1970 war bereits der sog. Werner-Plan zur stufenweisen Einführung einer Wirtschafts- und Währungsunion zwischen 1971 und 1980 vorgelegt worden. Pierre Werner, damals luxemburgischer Ministerpräsident, war Vorsitzender dieses Ausschusses. Wegen der damaligen internationalen Währungsturbulenzen wurde der vom EG-Ministerrat bereits akzeptierte Plan nicht weiterverfolgt.

- 1992, 7. Februar, Vertrag von **Maastricht (EU-Vertrag)**
  Die Staats- und Regierungschefs der EG unterschreiben mit dem „Vertrag über die Europäische Union" einen Stufenplan zur Schaffung und Vollendung einer Wirtschafts- und Währungsunion – WWU.

- 1997, 2. Oktober, Vertrag von **Amsterdam**
  EU-Vertrag in neuer Fassung von den Staats- und Regierungschefs der EG weiterentwickelt und unterschrieben.

- 1998, 2./3. Mai
  Der Kreis der **Euro-Start-Länder** wird festgelegt.

- 1999, 1. Januar **(Start mit Buchgeld)**
  Beginn der dritten Stufe der Wirtschafts- und Währungsunion. Unwiderrufliche Festlegung der Umrechnungskurse zwischen den Teilnehmerwährungen und dem Euro. Die Euro-Währung wird Einheitswährung der elf Gründungsmitglieder. Die nationalen Währungen wurden zu Denominationen der Euro-Währung.

- 2001, 1. Januar
  Griechenland wird zwölftes Mitgliedsland des Euro-Clubs.

- 2002, 1. Januar **(Start mit Bargeld)**
  Beginn des Umlaufs des **Euro-Bargelds in Form von Münzen und Banknoten.** Die teilweise jahrhundertalten Münzbezeichnungen Mark und Pfennig, Schilling und Groschen, Franc und Centime, Lira, Peseta, Escudo, Punt und Pingin, Drachme sowie Gulden und Cent haben ihre Bedeutung verloren. Die entsprechenden alten nationalen Währungen wurden bis spätestens 28. Februar 2002 im täglichen Geldverkehr abgelöst.

  Ein Teil des alten Europas ist damit auch verlorengegangen. Die Einführung des Euros gibt auch die politische Entwicklung wieder. Gemäß der Faustformel „Mit der Herrschaft wechselt die Währung" ist der Schluß zulässig: „Hier herrscht fortan Europa".

2. Mitgliedsstaaten der Europäischen Union (EU)

Die Mitgliedsstaaten der EU sind (Stand: 31. Dezember 2002):

Länder-kennung	offizieller Name in Landessprache(n)	Fläche 1000 km²	%	Bevölkerung Mio.	%	Prägestätte
Die sechs Gründungsmitglieder der EWG – Kerneuropa						
BEL	Koninkrijk België Royaume de Belgique Königreich Belgien	30,5	0,9	10,2	2,7	Brüssel
FRA	République Française[2]	544,0	16,9	58,5	15,7	Pessac
GER	Bundesrepublik Deutschland seit 3. Oktober 1990 erweitert um die Bundesländer Thüringen, Sachsen, Sachsen-Anhalt, Brandenburg und Mecklenburg-Vorpommern	357,0	11,0	82,0	21,8	Berlin München Stuttgart Karlsruhe Hamburg
ITA	Repubblica Italiana	301,3	9,3	57,5	15,4	Rom
LUX	Groussherzogtom Lëtzebuerg Grand-Duché de Luxembourg	2,6	0,1	0,4	0,1	Utrecht/NL
NED	Koninkrijk der Nederlanden[3]	41,9	1,3	15,6	4,2	Utrecht
Die drei Beitrittsländer vom 1. Januar 1973						
DAN	Kongeriget Danmark[4]	43,1	1,3	5,3	1,4	Brondby
GBR	United Kingdom of Great Britain and Northern Ireland[5]	244,0	7,5	58,9	15,8	Llantrisant
IRL	Éire / Ireland	70,3	2,2	3,6	1,0	Dublin-Sandyford
Das Beitrittsland vom 1. Januar 1981						
GRE	Elliniki Dimokratía ΕΛΛΗΝΙΚΕ ΔΗΜΟΚΡΑΤΙΑ	132,9	4,1	10,5	2,8	Athen
Die zwei Beitrittsländer vom 1. Januar 1986						
POR	República Portuguesa[6]	92,3	2,9	9,9	2,6	Lissabon
SPA	Reino de España[7]	506,0	15,6	39,3	10,5	Madrid
Die drei Beitrittsländer vom 1. Januar 1995						
AUT	Republik Österreich	83,9	2,6	8,1	2,2	Wien
FIN	Suomen Tasavalta Republiken Finland	338,1	10,4	5,1	1,4	Vantaa/Vanda
SWE	Konungariket Sverige	450,0	13,9	8,8	2,4	Eskilstuna

	Fläche 1000 km²	%	Bevölkerung Mio.	%	Prägestätte Münzamt
EU – 15 total	3.237,9	100,0	373,7	100,0	
USA	9.809,2		260,5		
Japan	378,0		127,0		
Euro-Raum 12 total	2.500,8		300,7		

Über sein eigentliches Währungsgebiet hinaus hat der Euro weitreichenden Einfluß auf die Währungen anderer Länder. Etwa 17 europäische und 31 außereuropäische Länder (Stand: Nov. 2000) haben bzw. hatten ihre Währungen[8] an den Euro bzw. an eine seiner Denominationen (DEM, FRF und PTE) gekoppelt. Siehe auch die Karten „Der Euro – weltweit" und „Die Prägeanstalten der Euro-Münzen".

Die D-Mark wurde spätestens ab den siebziger Jahren immer mehr als Zweitwährung neben der heimischen Währung gehalten – bedingt durch

- die Überweisungen von DM-Bargeld der ausländischen Arbeitnehmer in ihre Heimatländer
- das wachsende Reisevolumen ins Ausland.

Die Deutsche Bundesbank schätzte 1994, daß sich 30 bis 40 % des DM-Noten-Bestands im Ausland befanden.

In Jugoslawien (Serbien), so eine Mitteilung der FAZ vom 3. Juni 2002, sind ca. 9 Mrd. D-Mark umgewechselt worden, als die Nationalbank in Belgrad Ende Mai den Umlauf der deutschen Währung für beendet erklärt hatte. Dieser Betrag war etwa doppelt so hoch als man ursprünglich erwartet hatte.

---

2) einschließlich der Übersee-Departements (Départements d'outre-mer, D.O.M.) Guadeloupe und Martinique in der Karibik, Französisch-Guyana in Südamerika und La Réunion im Indischen Ozean sowie in den französischen Gebietskörperschaften (Collectivités territoriales, C.T.) St. Pierre und Miquelon (Inseln vor Neufundland) und Mayotte (Inselgruppe vor Südost-Afrika). In diesen Gebieten gilt der Euro wie im französischen Mutterland.
3) ohne die Niederländischen Antillen
4) ohne Grönland und Färöer-Inseln
5) ohne Gibraltar
6) einschließlich Madeira und Azoren
7) einschließlich der Kanarischen Inseln sowie der Exklaven Cëuta und Melilla in Nordafrika
8) An einigen Ländern wird dies dargestellt
Fixe Bindung an den **Euro:**
CFA-Franken
15 afrikanische Staaten, davon 14 (Benin, Burkina-Faso, Elfenbeinküste, Guinea-Bissau, Mali, Niger, Senegal, Togo, Äquatorialguinea, Gabun, Kamerun, Demokratische Republik Kongo (Brazzaville), Tschad und Zentralafrikanische Republik) mit dem CFA-Franken und die Komoren mit dem Komoren-Franken. Der Französische Franken entfällt als Referenzgröße, er wird durch den Euro ersetzt. Der CFA-Franken ist jederzeit in den FRF bzw. in Zukunft in den Euro konvertierbar. Diese Konvertibilität der afrikanischen

Einheitswährung CFA-Franken wird Frankreich weiterhin garantieren, vgl. Entscheidung des Rates vom 23. November 1998. Frankreich hatte mit dieser Entscheidung das Recht eingeräumt bekommen, die Wechselkursabkommen mit dieser Staatengruppe beizubehalten. Mit diesem Recht hat Frankreich seine finanzpolitische Vormachtstellung im frankophonen Afrika verteidigt.

1 Euro = 6,55957 FRF = 655,957 CFA-Franken; 1 FRF =100 CFA-Franken.

1 Euro = 6,55957 FRF = 491,96775 Komoren-Franken; 1 FRF =75 Komoren-Franken.

Die Abkürzung CFA hat einen Bedeutungswandel durchgemacht. In den Kolonialzeiten stand es für „Colonies françaises d'Afrique", heute stehen diese drei Buchstaben für „Cooperation financière d'Afrique".

CFP-Franken

Die im Pazifik liegenden abhängigen Gebiete Neukaledonien, Französisch-Polynesien sowie Futuna und Wallis haben mit dem CFP-Franken eine feste Parität zum Französischen Franken und damit zum Euro. Die Beibehaltung dieser festen Parität war Frankreich durch den Vertrag von Maastricht zugestanden worden (vgl. Maastricht-Vertrag, Protokoll betreffend Frankreich).

1 Euro = 6,55957 FRF= 119,265 CFP-Franken; 1 FRF = 18,18 CFP-Franken

Die Abkürzung CFP steht für „Communauté financière du Pacifique". Diese Übersee-Territorien sind als die Territoires d'outre-mer (T.O.M.) bekannt.

Kap-Verde-Escudo

Die Republik Kap Verde hat mit Portugal eine Vereinbarung geschlossen, gemäß dieser die Konvertierbarkeit des Kap-Verde-Escudo in portugiesische Escudo zu einer festen Parität sichergestellt ist. Auf der Basis des Euro stellt sich der Kurs wie folgt dar:

1 Euro = 200,482 PTE = 110,265 Esc. Kap Verde; 1 PTE =0,55 Esc. Kap Verde.

Diese Konvertibilität des Kap-Verde-Escudo wird Portugal weiterhin garantieren, vgl. Entscheidung des Rates vom 21. Dezember 1998.

Bindung an den **Euro mit Schwankungsbreite** von ± 2½ %: Dänemark, Zypern.

Bindung an **DEM**

Kosovo, Montenegro. In diesen beiden Ländern war die DM einseitig zum offiziellen Zahlungsmittel erklärt worden, eine „Legalisierung des status quo". Es gibt völkerrechtlich keine Norm, die einem Staat die Nutzung einer Fremdwährung verbietet.

Am 9. März 2002 hat der Euro als offizielles Zahlungsmittel im Kosovo die D-Mark abgelöst.

Ab 1. April 2002 ist in Montenegro nur noch der Euro einziges legales Zahlungsmittel.

Bindung an **DEM/EUR** (mit dem 1. 1. 1999 bzw. 1. 1. 2002 wird die DM durch den EUR abgelöst):

Bulgarien, Estland, Bosnien-Herzegowina, Kroatien, Mazedonien, Slowenien, Tschechei, Slowakei. Die jeweilige Währung wird im völlig starren Wechselkurs an die DM bzw. den Euro gekoppelt als Currency Board. Die „Konvertible Mark" in Bosnien-Herzegowina und der Bulgarische Lew werden in diesem System 1:1 getauscht, die Estnische Krone im Verhältnis 8:1 DM.

Währungskorb mit **EURO-Anteilen:** Island, Burundi, Malta, Chile, Polen, Israel, Ungarn, Türkei.

Sonderziehungsrechte (SZR) beinhalten einen **Euro-Anteil:**

Lettland, Botswana, Jordanien, Lybien, Seychellen, Vereinigte Arabische Emirate (VAE).

3. Die Einführung des Euro

3.1 Euro-Staaten mit EU-Mitgliedschaft

Mit dem Vertrag über die Europäische Union vom 7. Februar 1992 von Maastricht wurde ein Stufenplan zur Schaffung einer Wirtschafts- und Währungsunion (WWU) bis zum Jahre 1999 beschlossen. Auf dem EU-Gipfel am 13./14. Dezember 1996 in Dublin haben die Staats- und Regierungschefs ihren Entschluß bekräftigt, den Euro zum 1. Januar 1999 einzuführen.

Der Stufenplan wurde in folgenden Schritten realisiert:

Am **2./3. Mai 1998** benannte der Europäische Rat die Länder, welche die Voraussetzungen für die Einführung einer einheitlichen Währung zum 1. Januar 1999 erfüllt hatten. Die Voraussetzungen waren die Erfüllung bestimmter finanz- und volkswirtschaftlicher Mindestanforderungen, der sog. Konvergenzkriterien, zu einer stabilitätsorientierten Annäherung der wirtschaftlichen Grundlagen und Politiken.

Folgende fünf Konvergenzkriterien waren zu erfüllen:

1. **Preisstabilität:** Die Inflationsrate des Euro-Mitgliedslands durfte um nicht mehr als 1,5 % über dem Durchschnitt der drei geldwertstabilsten Länder liegen.

2. **Wechselkursmechanismus:** Die Währung des Mitgliedslands durfte in den letzten zwei Jahren nicht außerhalb der normalen Bandbreite der Währungsschlange liegen. Es durfte keine Abwertung gegenüber der Währung eines anderen Mitgliedslands im gleichen Zeitraum erfolgt sein.

3. **Zinssätze:** Der langfristige Nominalzinssatz durfte nicht mehr als 2 % über dem Durchschnitt der drei preisstabilsten Länder liegen.

4. **öffentliche Schulden:** Der Schuldenstand der öffentlichen Haushalte durfte nicht mehr als 60 % des Brutto-Inlandsproduktes (BIP) überschreiten.

5. **öffentliche Defizite:** Die öffentlichen Haushalte durften in laufender Rechnung kein höheres Defizit aufweisen als 3 % vom BIP.

Nur Länder mit einem hohen wirtschaftlichen Standard und einer stabilen Währung wurden Mitglied der WWU.

Folgende elf Länder (**Teilnehmerländer** der ersten Stunde) erfüllten die Konvergenzkriterien und waren von Anfang bei der Einführung des Euros dabei.

Sie gründeten **am 1. Januar 1999** die Europäische Wirtschafts- und Währungsunion mit dem Euro als Gemeinschaftswährung:
– die sechs Gründungsmitglieder der EWG: **Belgien, Frankreich, Deutschland, Italien, Luxemburg, Niederlande** und

– von den späteren Beitrittsländern: **Irland, Portugal, Spanien, Finnland und Österreich.**

Die Währungen dieser teilnehmenden Länder haben mit dem 1. Januar 1999 rechtlich aufgehört zu existieren.

Zum **1. Januar 2001** wurde **Griechenland** als **zwölftes Land** in die Währungsunion aufgenommen. Griechenland hatte die Beitrittskriterien erst später erfüllt.

Nicht dabei waren am 1. Januar 2002 folgende EU-Länder:
– **Dänemark, Großbritannien und Nordirland sowie Schweden.**

Die Bevölkerung dieser drei Länder stand bzw. steht skeptisch der Einführung des Euro gegenüber. Es fehlte die politische Bereitschaft dem Euro-Währungsraum beizutreten. Die Abstimmung der Dänen am 28. September 2000 brachte noch ein deutliches „Nein" zum Euro.

Am **31. Dezember 1998** wurden unwiderruflich die Konversionskurse zwischen dem Euro und den Währungen der elf Mitgliedsstaaten der ersten Stunde festgelegt:

1 Euro = 100 Euro Cent = 40,3399	BEF	(Belgische Franken)
1,95583	DEM	(Deutsche Mark)
166,386	ESP	(Spanische Peseten)
6,55957	FRF	(Französische Franken)
0,787564	IEP	(Irische Pfund)
1936,27	ITL	(Italienische Lire)
40,3399	LUF	(Luxemburgische Franken)
2,20371	NLG	(Niederländische Gulden)
13,7603	ATS	(Österreichische Schilling)
200,482	PTE	(Portugiesische Escudos)
5,94573	FIM	(Finnmark).

Am **31. Dezember 2000** wurde unwiderruflich der Umrechnungskurs zwischen dem Euro und der Griechischen Drachme festgelegt:

1 Euro = 100 Euro-Cent = 340,750   GRD   (Griechische Drachmen).

Mit dieser unwiderruflichen Festlegung der Umrechnungskurse zwischen den Teilnehmerwährungen und dem Euro war ein Sachverhalt geschaffen, gemäß dem die nationalen Währungen und der Euro nur noch unterschiedliche Bezeichnungen dessen waren, was im wirtschaftlichen Sinn ein und dieselbe Währung war. Diese Verordnung brachte für den Übergangszeitraum (1. Januar 1999 bzw. 1. Januar 2001 bis 31. Dezember 2001 bzw. maximal 28. Februar 2002), in dem verschiedene nationale Währungen existierten, eine rechtlich erzwingbare Äquivalenz zwischen dem Euro und den nationalen Währungseinheiten. Diese Äquivalenz bedeutete, daß jedem Währungsbetrag auf rechtlich erzwingbare Weise ein fester Gegenwert in Euro zum offiziellen Konversionskurs zugeordnet war und umgekehrt.

Die **inversen Kurse** (= 1 nationale Währungseinheit = x Euro) waren nicht zugelassen, gleichwohl werden sie nachrichtlich aufgeführt.

			Euro
1	BEF	(Belgischer Franken)	0,024789
1	DEM	(Deutsche Mark)	0,511292
1	ESP	(Spanische Peseta)	0,006010
1	FRF	(Französischer Franken)	0,152449
1	GRD	(Griechische Drachme)	0,002935
1	IEP	(Irisches Pfund)	1,269738
1	ITL	(Italienische Lire)	0,000516
1	LUF	(Luxemburgischer Franken)	0,024789
1	NLG	(Niederländischer Gulden)	0,453780
1	ATS	(Österreichischer Schilling)	0,072673
1	PTE	(Portugiesischer Escudo)	0,004988
1	FIM	(Finnmark)	0,168188

Die bilateralen Kurse zwischen dem Euro und der jeweiligen Währung wurden über den ECU festgestellt, wobei 1 Euro = 1 ECU galt. Der ECU war ein Währungskorb. Die darin befindlichen zwölf Währungen der EU-Staaten vor der letzten Erweiterung, d. h. ohne Finnland, Österreich und Schweden, konnten schwanken. Die Korb-Währungen hatten eine unterschiedliche Gewichtung. Anhand des DEM-Tageskurses und der Gewichtung ermittelte sich zum 31. Dezember 1998 der Marktkurs z. B. 1 ECU = 1,95583 DEM = 1 Euro

Am **1. Januar 1999** waren diese Kurse in Kraft getreten – für Griechenland am 1. Januar 2001. Der Euro ist an die Stelle nationaler Währungen getreten. Der Euro war bereits zu Beginn der Übergangsphase die einzige Währung in den Teilnehmerländern. Die nationalen Währungen, wie z. B. die DEM, wurden zu Untereinheiten – Denominationen – des Euro. Die Währungen dieser Teilnehmer-Länder hatten ab dem 1. Januar 1999 rechtlich aufgehört zu existieren.

Zeitlicher Ablauf der Einführung der Euro-Währung

Mitgliedsstaaten der ersten Stunde	Beginn der Währungsunion	Erweiterung der Währungsunion	Ausgabe der Haushaltsmischungen an das private Publikum sog. Starter-Kits			Beginn des Euro-Bargeldumlaufs	Ende des Status der ehemaligen Münzen und Banknoten als gesetzliches Zahlungsmittel				
2./3. Mai 1999	1. Januar 2000	1. Januar 2001	14. Dezember 2001	15. Dezember 2001	17. Dezember 2001	1. Januar 2002	31. Dezember 2001	28. Januar 2002	9. Februar 2002	17. Februar 2002	28. Februar 2002
AUT	AUT		AUT			AUT					AUT
BEL	BEL			BEL		BEL					BEL
FIN	FIN			FIN		FIN					FIN
FRA	FRA		FRA			FRA				FRA	
GER	GER				GER	GER	GER				
		GRE				GRE	GRE				GRE
IRL	IRL		IRL			IRL			IRL		
ITA	ITA				ITA	ITA					ITA
LUX	LUX			LUX		LUX					LUX
NED	NED		NED			NED		NED			
POR	POR				POR	POR					POR
SPA	SPA			SPA		SPA					SPA

Da es bis Ende 2001 noch kein Euro-Bargeld gegeben hatte – der Euro existierte nur als Buchgeld –, blieben die nationalen Währungen im Übergangszeitraum die gesetzlichen Umlaufszahlungsmittel in den jeweiligen Ländern. Die Münzpolitik der einzelnen Euro-Teilnehmerländer war in der Übergangszeit (1. Januar 1999 bis 31. Dezember 2001) unterschiedlich:

> **einige Länder** (z. B. Frankreich, Finnland, Italien, die Niederlande) gaben noch Münzen für die laufende Geldversorgung aus;

> **fast alle Länder** prägten für Sammlerzwecke Jahrgangssätze und/oder Gedenkmünzen.

Von den zwölf Euro-Ländern der EU gab es folgende nationale Interims-Prägungen mit den Jahreszahlen 1999, 2000 und/oder 2001:

Münzprägungen der Euro-Länder in der Übergangszeit

mit der Jahreszahl ...	1999		2000		2001	
	Umlauf-münzen*	Gedenk-münzen	Umlauf-münzen*	Gedenk-münzen	Umlauf-münzen*	Gedenk-münzen
Gründungsmitglieder ab 1. Januar 1999						
Belgien – BEL –	ja	ja	ja	ja	ja	ja
Deutschland – GER –	ja	ja	ja	ja	ja	ja
Finnland – FIN –	ja	ja	ja	ja	ja	ja
Frankreich – FRA –	ja	ja	ja	ja	ja	ja
Irland – IRL –	ja	nein	ja	ja	nein	nein
Italien – ITA –	ja	ja	ja	ja	ja	ja
Luxemburg – LUX –	nein	nein	nein	ja	nein	nein
Niederlande – NED –	ja	ja	ja	ja	ja	ja
Österreich – AUT –	ja	ja	ja	ja	ja	ja
Portugal – POR –	ja	ja	ja	ja	ja	ja
Spanien – SPA –	ja	ja	ja	ja	ja	ja
Spätere Beitrittsländer ab 1. Januar 2001						
Griechenland – GRE –	–	–	–	–	nein	nein
Länder ohne EU-Mitgliedschaft ab 1. Januar 2002						
Monaco – MON –	–	–	–	–	–	–
San Marino – SAM –	–	–	–	–	–	–
Vatikan – VAT –	–	–	–	–	–	–

* Münzen aus den Jahrgangs-Sätzen werden zu den Umlaufmünzen gerechnet.

Ab 1. Januar 2002 wurde in allen Teilnehmerländern der Euro als Bargeld (Münzen und Banknoten) ausgegeben. Durch die Ausgabe von Euro-Münzen und -Noten wurde die Währungsunion vollendet. Alle Euro-Kursmünzen (nicht die Euro-Gedenkmünzen) und Euro-Banknoten sind in sämtlichen Ländern des Euro-Raums gültig. Für eine kurze Zeit blieben die Münzen und Noten der nationalen Währungen parallel zum Euro-Geld im Umlauf.

Die Einführung des Euro-Bargelds (Münzen und Noten) zum 1. Januar 2002 hat am 17. November 1997 der Rat auf Vorschlag der Kommission gebilligt. Nach Art. 15 der Verordnung (EG) Nr. 974 des Rates vom 3. Mai 1998 zur Einführung des Euro verloren die nationalen Zahlungsmittel spätestens zum 30. Juni 2002 ihre Geldeigenschaft. Die Zeit der Doppelwährungsphase war jedoch aus praktischen Überlegungen relativ kurz. Sie dauerte maximal bis zum 28. Februar 2002. In dieser Phase lief die Bargeldent- und -versorgung für die Bürger. Die Versorgungsphase begann für die Bürger bereits ab 14./15. bzw. 17. Dezember des Jahres 2001 mit einer Ausgabe von sog. Starter-Kits (**Münz**haushaltsmischungen). Anders war es bei den Banknoten: Diese wurden nicht vor dem 1. Januar 2002 ausgegeben.

Übersicht über die nationalen Umstellungspläne für Münzen und Banknoten

Land	Landeswährung	Ende des Status der ehemaligen Münzen u. Banknoten als gesetzliches Zahlungsmittel	Umtauschfrist des ehemaligen Bargelds bei der jeweiligen nationalen Notenbank		Haushaltsmischungen für das private Publikum sog. Starter-Kits			
			Münzen	Banknoten	Ausgabe ab ...	WERT		Anzahl der Starter-Kits in Mio. Stück
						in EURO	Abgabepreis zu ...	
Belgien	BEF	28. Feb. 2002	31. Dez 2004	unbefristet	15. Dez. 2001	12,40	500,00 BEF	5,3
Deutschland [1]	DEM	31. Dez. 2001	unbefristet	unbefristet	17. Dez. 2001	10,23	20,00 DEM	53,5
Finnland	FIM	28. Feb. 2002	28. Feb. 2012	28. Feb. 2012	15. Dez. 2001	3,88	23,00 FIM	0,5
Frankreich	FRF	17. Feb. 2002	17. Feb. 2005	17. Feb. 2012	14. Dez. 2001	15,25	100,00 FRF	53,0
Griechenland	GRD	28. Feb. 2002	28. Feb. 2004	28. Feb. 2012	17. Dez. 2001	14,67	5.000 GRD	3,0
Irland	IEP	9. Feb. 2002	unbefristet	unbefristet	14. Dez. 2001	6,35	5,00 IEP	0,75
Italien	ITL	28. Feb. 2002	28. Feb. 2012	28. Feb. 2012	17. Dez. 2001	12,91	25.000 ITL	30,0
Luxemburg	LUF	28. Feb. 2002	31. Dez. 2004	unbefristet	15. Dez. 2001	12,40	500,00 BEF	0,6
Niederlande [2]	NLG	28. Jan. 2002	1. Jan. 2007	31. Jan. 2032	14. Dez. 2001	11,35	25,00 NLG	8,8
Österreich	ATS	28. Feb. 2002	unbefristet	unbefristet	15. Dez. 2001	14,54	200,00 ATS	> 6,0
Portugal	PTE	28. Feb. 2002	31. Dez. 2002	1. Jan. 2022	17. Dez. 2001	10,00	2.005 PTE	1,0
Spanien	ESP	28. Feb. 2002	unbefristet	unbefristet	15. Dez. 2001	12,02	2.000 ESP	23,0

1) In Deutschland nahmen nach der „modifizierten Stichtagsregelung" Banken und Handel bis zum 28. Februar 2002 noch DM-Bargeld an.
2) In den Niederlanden erhielt jeder Bürger über sechs Jahre gratis ein Starter-Kit mit einer Münze pro Nennwert. (16,0 Mio. Stück).

Das Recht zur Ausgabe (Münzregal) der Euro-Münzen verbleibt zwar bei den Mitgliedsstaaten, der Umfang der Ausgabe der Münzen muß aber über die Europäische Zentralbank (EZB) in Frankfurt am Main genehmigt werden (vgl. Art. 105a des Maastricht-Vertrages bzw. Art. 106 des Vertrages von Amsterdam). Die Zuständigkeit für die Ausgabe der Banknoten liegt dagegen voll bei der EZB.

Die Erstausstattung der Euro-Münzen wurde i. d. R. mit der Jahreszahl 2002 ausgegeben. Ausnahmen machten Belgien, Finnland, Frankreich, die Niederlande und Spanien. Diese gaben das Jahr der Prägung auf den Euro-Münzen an, also 1999, 2000 und 2001ff. Bis zur Ausgabe der Euro-Münzen zum 1. Januar 2002 waren bereits drei Jahrgänge (1999, 2000 und 2001) von belgischen, finnischen, spanischen, französischen und niederländischen Euro-Münzen geprägt.

Der deutsche Vorschlag, die gemeinsame Währung Euro zu nennen, wurde auf dem Gipfeltreffen in Madrid am 15./16. Dezember 1995 vom Europäischen Rat akzeptiert.

Auf ihrer Tagung am 13./14. April 1996 hatten die EU-Finanzminister beschlossen, die kleinere Einheit des Euro Cent zu nennen. Mit dem Cent blieb der niederländische Cent am Leben. Der französische Centime blieb, um Mißverständnisse zu vermeiden, nach dem Willen der Académie française erhalten: Der Cent – französisch ausgesprochen – hat den Gleichklang mit dem Zahlwort cent. Auch in Italien darf der Euro in 100 Centesimi, abgekürzt cent, unterteilt werden. Eine Ausnahme macht Griechenland, das die Untereinheit LEPTO bzw. LEPTA nennt. Zum Hintergrund dieser Ausnahme siehe die Ausführungen im Abschnitt „Griechenland".

Die internationale Abkürzung für den Euro besteht gemäß der ISO 4217 (International Standardization Organization) wie üblich aus drei Buchstaben: EUR.

Das Symbol[9] für den Euro ist € – rundes E mit Doppelquerstrich – in Analogie zu den für Yen und Dollar verwendeten Symbolen ¥ und $. Dieses Logo ist auf dem Gipfeltreffen in Dublin am 12. Dezember 1996 von der Europäischen Kommission festgelegt worden.

---

9) Dieses Logo hatte bereits der Chefgrafiker der Europäischen Gemeinschaften Arthur Eisenmenger 1974 auf dem Reißbrett entworfen – damals ohne Bezug zum später eingeführten Euro. Das Sternenlogo (12 Sterne im Kreis) und die Europafahne stammen ebenfalls aus der Feder von Eisenmenger (vgl. Südwest-Presse Ulm, 13. Februar 1999).

3.2. Euro-Staaten ohne EU-Mitgliedschaft

Monaco, San Marino, Vatikan

Diese Staaten partizipieren im Rahmen von **Währungsvereinbarungen** an der Euro-Währung, indem sie den Euro als ihre offizielle Währung verwenden.

Im Vertrag von Maastricht (Vertrag über die Europäische Union) legte in der Schlußakte die Gemeinschaft in der „Erklärung zu den Währungsbeziehungen zur Republik San Marino, zum Staat Vatikanstadt und zum Fürstentum Monaco" (Erklärung Nr. 6) ihre generelle Richtung fest. Danach war sich die Konferenz einig, „daß die derzeitigen Währungsbeziehungen zwischen Italien und San Marino bzw. Vatikanstadt und zwischen Frankreich und Monaco durch diesen Vertrag bis zur Einführung der ECU als einheitlicher Währung der Gemeinschaft unberührt bleiben. Die Gemeinschaft verpflichtete sich, die Neuaushandlung bestehender Übereinkünfte, die durch die Einführung der ECU als einheitlicher Währung erforderlich werden können, zu erleichtern." Der Vertrag von Maastricht (1992) kannte den Euro noch nicht, deswegen ECU. Die gemeinsame Währung Euro zu nennen, wurde bekanntlich erst in Madrid 1995 akzeptiert.

Ohne regelrechten Beitritt zur EU sind der Staat Vatikanstadt, die Republik San Marino und das Fürstentum Monaco zu ihren „eigenen nationalen Euro" gekommen. Nach dem EU-Vertrag haben nur Mitgliedsstaaten das Recht, Scheine und Münzen in der Gemeinschaftswährung zu drucken bzw. zu prägen. Da nach allgemeinem Verständnis aller EU-Staaten bereits bestehende Verträge nicht durch die Einführung der Euro-Währung hinfällig werden oder gebrochen werden dürfen, blieben die Vereinbarungen zwischen dem Vatikan-Staat und San Marino mit Italien einerseits und Monaco mit Frankreich andererseits in Kraft. Diese Vereinbarungen betrafen vornehmlich bilaterale Währungs- und Zollfragen.

Mit der EU-Entscheidung vom 31. Dezember 1998 ist diesen drei Kleinstaaten der Beitritt zur Euro-Zone seitens der EU erlaubt worden. Damit in diesen drei Staaten der Euro als Zahlungsmittel umlaufen kann, muß die Euro-Währung auch offizielle Währung in diesen drei Kleinstaaten werden.

Der Europäische Rat hatte am 31. Dezember 1998 entschieden, daß diese drei Länder auf Grund ihrer historischen Bindungen, ihrer engen wirtschaftlichen Beziehungen und ihrer Währungsverbindungen mit Italien resp. Frankreich den Euro einführen konnten. Diese Einführung wurde in bilateralen Verhandlungen erreicht, wobei Italien bzw. Frankreich diese Vereinbarungen über die Einführung der Euro-Währung im Namen der Gemeinschaft ausgehandelt und abgeschlossen hatten. Die Gemeinschaftsregeln (z. B. Größe, Gewicht, Aussehen etc.) für auf Euro lautende Münzen standen in diesen Verhandlungen nicht zur Disposition.

Die Euro-Münzen dieser drei Staaten werden auf das jeweilige EU-Mitgliedsland Italien resp. Frankreich angerechnet, so daß Italien einen Teil seines Prägekontingents an den Vatikan und an San Marino abtritt und Frankreich an Monaco. Mit dieser Regelung traten – rechtlich gesehen – diese drei Staaten der Gemeinschaftswährung nicht bei.

Länder-kennung	offizieller Name in Landessprache	Fläche qkm	Bevölkerung Tsd.
MON	Principauté de Monaco	1,95	32,0
SAM	Repubblica di San Marino	60,50	25,0
VAT	Stato della Città del Vaticano	0,44	0,45

Was **Andorra** betrifft, so gilt folgendes:

a) Andorra verfügt über
keine eigene Währung,
kein Währungsgesetz und
kein Emissionsinstitut.

b) Nebeneinander werden in Andorra traditionsgemäß Münzen und Banknoten in spanischen Peseten und französische Franken genutzt, auch wenn diese Geldmittel den Status eines gesetzlichen Zahlungsmittels nicht haben.

c) Da weder Spanien noch Frankreich eine völkerrechtliche Vereinbarung über den Umlauf ihrer Geldmittel in Andorra haben, besteht auch kein Grund, über die Einführung des Euros in Verhandlungen einzutreten.

Der Euro ist faktisch seit 1. Januar 1999 in Andorra eingeführt, da dort die spanischen Peseten und französische Franken – beides nicht-dezimale Untereinheiten des Euros – als Zahlungsmittel dienen. Ohne daß die WWU daran beteiligt ist, werden Euro-Münzen und -Banknoten ab 1. Januar 2002 in Andorra kursieren.

Zur Zeit (Juni 2002) wird von Bestrebungen berichtet, daß Andorra offiziell Euro-Münzen prägen darf. Die notwendigen Verhandlungen Andorras mit der EU in dieser Angelegenheit dürften sich allerdings hinziehen.

4. Katalogteil

4.1 Allgemeines

Technische Merkmale

Die Arbeitsgruppe der Münzdirektoren[10] legte gemäß Auftrag der Finanzminister der EU (ECOFIN-Rat) einen Bericht vor (November 1996/Februar 1997), in dem sie einen Vorschlag zur Stückelung und zu den technischen Merkmalen machte. Im Juni 1997 genehmigte der Europäische Rat die gemeinsame Seite der für die Euro-Münzen ausgewählten Gestaltungsentwürfe. Die Stückelung und technischen Merkmale sind auf der Basis dieses Berichtes in der Verordnung (EG) Nr. 975/98 des Europäischen Rates vom 3. Mai 1998 für die zum Umlauf bestimmten Euro-Münzen festgelegt worden. Die technischen Merkmale sind für das neue einheitliche europäische Münzsystem lt. Artikel 1 und nach geringfügiger Modifizierung durch die Verordnung vom 22. Februar 1999 wie folgt:

Nennwert	Gewicht g	Durchmesser mm	Dicke* mm	Form	Farbe	Rand
1 Cent	2,30	16,25	1,67	rund	rot	glatt
2 Cent	3,06	18,75	1,67	rund	rot	glatt mit umlaufender Rille
5 Cent	3,92	21,25	1,67	rund	rot	glatt
10 Cent	4,10	19,75	1,93	rund	gelb	grob geriffelt (Wellenstruktur)
20 Cent	5,74	22,25	2,14	„Spanische Blume"**	gelb	glatt ohne Randprägung
50 Cent	7,80	24,25	2,38	rund	gelb	grob geriffelt (Wellenstruktur)
1 Euro	7,50	23,25	2,33	rund	außen: gelb innen: weiß	gebrochen geriffelt
2 Euro	8,50	25,75	2,20	rund	außen: weiß innen: gelb	Schriftprägung fein geriffelt

*   bei diesen Angaben handelt es sich um Richtwerte
**   Spanische Blume: Dieser Begriff bezeichnet eine Münzform, die in regelmäßigen Abständen sieben Einbuchtungen im Rand aufweist. Beim spanischen 50-Pesetas-Stück wurde diese Form zum Beispiel bereits angewendet.
     außen: = Ring, innen: = Kern oder Pille;
     Die Euro-Cent-Münzen sind auf Anregung Schwedens nickelfrei (mögliche Nickelallergie). Die nordischen Länder brachten dafür die Legierung Nordisches Gold (Cu89 Al5 Zn5 Sn1).
     Bei den 1- und 2-Euro-Stücken dagegen hat man sich beim Werkstoff nicht im Sinne einer Nickelfreiheit entschieden.

10) Zu ihr gehören alle Leiter der Münzanstalten in sämtlichen EU-Ländern.

Zusammensetzung

Die Notierung erfolgt in Gewichtsprozent, z. B. Cu75 Ni25.

Bei Sandwich-Werkstoffen – bei den 1- und 2-Euro-Stücken – gibt die mittlere Zahl z. B. Ni12 die Schichtdickenrelation an: obere und untere Schicht jeweils 44 % und die mittlere Schicht 12 % handelsüblich reines Nickel.

1 Cent, 2 Cent, 5 Cent: Stahl mit Kupferauflage

10 Cent, 20 Cent, 50 Cent: „Nordisches" Gold (Cu89Al5Zn5Sn1)

1 Euro: außen: Ni-Messing, Cu75Zn20Ni5
       innen: dreischichtig Cu75Ni25/Ni7/Cu75Ni25

2 Euro: außen: Cu-Nickel, Cu75Ni25
       innen: dreischichtig, Ni-Messing/Nickel/Ni-Messing/Cu75Zn20Ni5/Ni12/Cu75Zn20Ni5

Gestaltung und Aussehen der Euro-Umlaufmünzen

Die Euro-Umlaufmünzen haben eine europäische – einheitliche – und eine nationale – unterschiedliche – Seite, anders als bei den Euro-Banknoten, die europaweit einheitlich gestaltet sind. Die europäische Seite (Vorderseite) der Euro-Münzen ist die Wertseite.

Am 16. Juni 1997 entschieden sich in Amsterdam die Regierungs-Chefs der 15 EU-Länder über die Entwürfe für die einheitlichen Wert- oder **Vorderseiten** der Euromünzen. Aus 36 vorgelegten Entwürfen[11] ging der belgischen Künstler und Geld-Designer Luc Luycx als Sieger des Wettbewerbs zum Aussehen der europäischen Münzseite hervor. Seine Initialen – zwei ligierte ʮ – sind auf der Vorder-(Wert-)Seite zu sehen.

---

11) Die Mitgliedsstaaten der EU (mit Ausnahme Dänemarks) veranstalteten im Laufe des Jahres 1996 nationale Wettbewerbe zur Vorauswahl von bis zu drei Münzserien. Als Themen waren vorgegeben: Architektur, europäische Persönlichkeiten und Abstraktes. Eine europäische Jury unabhängiger Experten für Kunst, Design, Numismatik und Verbraucherschutz trat am 13. März 1997 unter dem Vorsitz der Europäischen Kommission zusammen, um aus insgesamt 36 eingereichten Entwürfen die neun besten Münzserien zu wählen. Die der Jury vorgelegten Entwürfe waren anonym, jeglicher Hinweis auf nationale Herkunft des Künstlers wurde entfernt. Zusätzlich wurden die neun von der Jury ausgewählten Münzserien in den Staaten der EU, jedoch ohne Dänemark in einer Meinungsumfrage getestet. 771 professionelle Münzverwender z. B. Kassierer, Bankangestellte und 1118 Personen als repräsentative Auswahl der Allgemeinbevölkerung wurde personen. Die Meinungsumfrage bestätigte die Münzserie, die die europäische Jury favorisiert ha.

Der letztlich für die Euro-Umlaufmünzen ausgewählte Vorschlag des Belgiers zeigt:
– auf den **1-**, **2-** und **5-Euro-Cent**-Stücken (kleine Nominale) die 15 EU-Staaten auf
  dem Erdball als Teil der Welt,

– auf den **10-**, **20-** und **50-Euro-Cent**-Stücken (mittlere Nominale) die 15 EU-Staaten
  als Einzelstaaten ohne direkten Zusammenhang mit ihren Nachbarn,

– auf den **1-** und **2-Euro**-Stücken (hohe Nominale) die 15 EU-Staaten ohne Landes-
  grenzen als zusammengefügte Einheit – Europa ohne Grenzen.

Die erfolgreiche Münzserie vermittelt vom Euro das Bild der Währung Europas.
Die nationale Seite (Rückseite) gestalten die einzelnen Mitgliedsländer selbst, wobei
die gezeigten Symbole das Typische des Landes darstellen und sowohl von der eigenen Bevölkerung als auch international verstanden werden sollen. Die meisten Länder achteten weitgehend auf Kontinuität mit den bisherigen nationalen Münzen, um
den Bürgern den Wechsel zu der neuen Währung zu erleichtern.
Die nationale Seite muß folgende Elemente enthalten:
– das **Münzzeichen**,
– das **Prägejahr** und
– die **zwölf europäischen Sterne.** Der 12-Sternen-Kranz (Sternenlogo) ist i. d. R. verwendet worden. Dieses Sternenlogo – zwölf goldene Sterne auf blauem Hintergrund –
  ist auf der Europäischen Flagge zu sehen. Im allgemeinen wird das Sternenlogo bei
  den 1- und 2-Euro-Stücken auf dem Ring gezeigt. Ausnahme: Die Niederlande
  zeigen die zwölf Sterne im Halbkreis auf dem Ring.

Übersicht über die nationalen Münzzeichen auf den Euro-Umlaufmünzen

Die Wertseite aller Euro-Umlaufmünzen ist einheitlich. Die nationalen Seiten unterliegen einzelstaatlichen Vorstellungen, die durch kulturelle, sprachliche, historische und religiöse Einflüße bestimmt sind. Auch in der Verwendung der Münzzeichen auf den nationalen Seiten der Umlaufmünzen zeigt sich „die Einheit in der Verschiedenheit". Fünf mögliche Münzzeichen geben Hinweise auf

– das ausgebende Land,

– die Münzstätte,

– den Nominalwert in Korrespondenz zur Gemeinschaftsseite,

– den Künstler und / oder Graveur und

– den Münzmeister. Diese sind i. d. R. heute die technischen Münzdirektoren.

Land	Hinweise auf das Ausgabeland			Zeichen der Münzstätte	Wert-angabe	Name oder Initialen des Künstlers	Münzdirektoren-zeichen
	Name	Abkürzung	Flagge				
Belgien							
Deutschland				**A** = Berlin **D** = München **F** = Stuttgart **G** = Karlsruhe **J** = Hamburg			
Finnland							**M** für Raimo Makkonen
Frankreich	**R F** für République Française			Füllhorn 		J. **JIMENEZ** bei den 1- und 2-€-Stücken **L. JORIO ... O. ROTY** bei den 10-, 20- und 50-Cent-Stücken **COURTIADE** bei den 1-, 2- und 5-Cent-Stücken	 Biene für Pierre Rodier Hauptgraveur bis 2000 Hufeisen für Gérard Buguoy Hauptgraveur ab 2001
Griechenland				stilisierte Blume 	ΛΕΠΤΟ ΛΕΠΤΑ ΕΥΡΩ	Γ Σ für Georgios Stamatopoulos	
Irland	ÉIRE						

Land	Hinweise auf das Ausgabeland			Zeichen der Münzstätte	Wert-angabe	Name oder Initialen des Künstlers	Münzmeister-zeichen
	Name	Abkürzung	Flagge				
Italien		R I für Repubblica Italiana		R für Rom		**MCC** beim 2-€-Stück für Maria Carmela Colaneri **CL** beim 1-€-Stück für Cretara Laura **M** beim 50-Cent-Stück für Roberto Mauri **MAC** beim 20-Cent-Stück für Maria Angela Cassol **CM** beim 10-Cent-Stück für Claudia Momoni **ELF** beim 5-Cent-Stück für Ettore Lorenzo Frapiccini **LDS** beim 2-Cent-Stück für Luciana de Simoni **ED** beim 1-Cent-Stück für Eugenio Driutti	
Luxemburg	LËTZEBUERG			Merkurstab für Utrecht		**GC** für Yvette Gastauer-Claire	**Pfeil und Bogen mit Stern** für Erik J. van Schouwenburg
Monaco	MONACO						
Niederlande	... DER NEDERLANDEN			Merkurstab für Utrecht			**Pfeil und Bogen** für Chris van Draanen 1999 **Pfeil und Bogen mit Stern** für Erik J. van Schouwenburg 2000 **Weinranke mit Trauben** für Robert Bruens ab 2001

| Land | Hinweise auf das Ausgabeland | | | Zeichen der Münzstätte | Wert- angabe | Name oder Initialen des Künstlers | Münzmeister- zeichen |
	Name	Abkürzung	Flagge				
Niederlande	... DER NEDERLANDEN						für Maarten Brouwer ab 2003
Österreich			heraldisch tingiert		auf allen Münzen		
Portugal	PORTUGAL			**INCM** für Imprensa Nacional – Casa da Moeda		**VS** für Vitor Manuel Fernandes dos Santos	
San Marino	SAN MARINO			**R** für Rom		ligiertes **Ch** für Frantisek Chochola **ELF** für Ettore Lorenzo Frapiccini	
Spanien	ESPAÑA			♔ **M** für Madrid			
Vatikan	CITTÀ DEL VATICANO			**R** für Rom		**GV** für GUIDO VEROI **UP** für Uliana Pernazza	

Die Münzen werden in Kehrprägung geprägt, d. h. Vorderseite und Rückseite weisen, um die Längsachse gedreht, in die gleiche Richtung.

Herstellung der Werkzeuge

Für die gemeinsame europäische Münz-Vorderseite der Euro-Umlaufmünzen stellte die Belgische Münze vergrößerte Gipsmodelle her. Mit Hilfe einer Reduziermaschine wurden von diesen Modellen Urwerkzeuge hergestellt. Es übernahmen die Anfertigung der Urwerkzeuge

– die britische Royal Mint für die **1-, 2- und 5-Euro-Cent-Münzen,**

– die deutsche Hamburgische Münze für die **10-, 20- und 50-Euro-Cent-Münzen,**

– die französische Monnaie de Paris für die **1- und 2-Euro-Münzen.**

Von den verschiedenen europäischen Münzstätten wurden von diesen Urwerkzeugen durch Senken sog. Matrizen hergestellt. Diese dienten zur Herstellung von Arbeitspatrizen, die schließlich ihrerseits zur Anfertigung der Arbeitswerkzeuge, der Prägestempel, verwendet werden.

Die Leistung der Münzpressen hängt u. a. von der Legierung des Prägematerials ab. Zwischen 400 bis 700 Münzen werden pro Minute geprägt. Das Ausgangsmaterial – Rohlinge in Form von Münzplättchen oder -ronden sowie für die Bimetallmünzen in Form von Ringen und Kernen (Pillen) – wird von der Industrie geliefert.

Fälschungssicherheit

Um bei den 1- und 2-Euro-Umlaufmünzen Fälschungsmöglichkeiten einzuschränken, sind Drei-Schichten-Werkstoffe (Automatensicherheit) verwendet worden und die Kombination von zwei verschiedenen Farben in einer Münze (Bicolor-Ausführung oder Bimetallmünzen). In der Regel werden Kern und Ring getrennt angeliefert. Zum Prägen werden die Kernronden (Pillen) und Ringe zusammengeführt und beim Prägen greift unter dem Druck der Presse der Kern in den Ring (Kaltverformung), so daß eine nachträgliche Trennung von Kern und Ring nicht möglich ist, ohne die Münze zu zerstören. Die Münzstätten können aber auch diese Bimetall-Ronden bereits fertig gefügt vom Lieferanten beziehen.

Zur Fälschungssicherheit tragen auch enge Toleranz- und Referenzwerte für die Herstellungsverfahren bei. Nicht nur Größe und Gewicht, sondern auch elektrische und magnetische Eigenschaften werden vorgegeben und daraufhin im Produktionsprozeß kontrolliert.

Akzeptanz

Den Wünschen der Verbraucherverbände, Blindenorganisationen (ca. 2 % der EU-Bevölkerung sind erheblich sehbehindert) und Automatenindustrie entsprechend, lassen sich anhand von visuellen und ertastbaren Kennzeichen die Münzen gut unterscheiden.

Für die Geldautomaten-Industrie stehen in den Testzentren bei der Landeszentralbank Mainz und der Landeszentralbank Hamburg Testmöglichkeiten für die Euro-Umlaufmünzen aller deutschen und aller ausländischen Prägestätten zur Verfügung. Ähnliches gilt auch in den übrigen Euro-Ländern.

Sondermünzen (Euro-Sammlermünzen)

Was Sonderprägungen[12] betrifft, so gilt folgende Regelung:

Die Europäische Zentralbank (EZB) in Frankfurt am Main muß gemäß des Art. 105a des Maastricht-Vertrages das jährliche **Gesamtvolumen der Münzausgaben** genehmigen. Mit dieser Genehmigung ist auch die Ausgabe von Sonder-Euro-Münzen oder Euro-Sammlermünzen gedeckt. „Sammlermünzen" sind Gedenkmünzen sowie Münzen aus Gold, Silber und sonstigen Edelmetallen, die die Eigenschaft eines gesetzlichen Zahlungsmittels haben, aber nicht für den Umlauf hergestellt werden (Legaldefinition).

In der Übergangszeit vom 1. Januar 1999 bis 31. Dezember 2001 wurden keine auf Euro lautenden Sammlermünzen, Medaillen und Marken von Münzanstalten oder privaten Emittenten herausgegeben. Der Import solcher auf Euro lautender Stücke war untersagt.

Die Euro-Münzen als Gedenkmünzen oder (Bullion-)Barrenmünzen haben nicht die Euro-Land weite Anerkennung wie die normalen Euro-Münzen. Sie gelten als Zahlungsmittel nur im Ausgabeland **kraft nationaler Rechtsvorschriften.** Diese Gedenkmünzen und (Bullion-)Barrenmünzen müssen sich von den normalen Euro-(Umlauf-)-Münzen deutlich unterscheiden.

Die **Unterscheidungsmerkmale** sind folgende:

* Die Euro-Sammlermünzen dürfen nicht den gleichen Nennwert haben wie die acht Euro-(Umlauf-)Münzen.

* Es dürfen keine Münzbilder verwendet werden, die denen der gemeinsamen Münzseite der Euro-(Umlauf-)Münzen entsprechen oder ähnlich sind.

* Die Euro-Sammlermünzen müssen sich in den Merkmalen Farbe, Durchmesser und Dicke mindestens in zwei dieser Merkmale von den Euro-(Umlauf-)Münzen unterscheiden.

* Die Identität des Ausgabelands ist klar zu erkennen.

* Die Randprägung darf keine Wellenstruktur und nicht die „Spanische Blume" aufweisen – wie bei den 10- und 50-Cent- bzw. 20-Cent-Umlaufmünzen.

Diese Handhabung führt im Ergebnis dazu,

– daß es nun auch **nur national geltende** Euro-Münzen gibt – im Gegensatz zur Intention der normalen Euro-(Umlauf-)Münzen, die überall im Euro-Land gelten,

---

12) vgl. Empfehlung der Kommission vom 13. Januar 1999 zu Sammlermünzen, Medaillen und Marken, im Amtsblatt der Europäischen Gemeinschaften, L 20/61f.

– daß eine **begrenzte Umlauffähigkeit** nicht besonders gut geeignet ist, Ereignisse, Persönlichkeiten oder Kulturwerte (von regionaler oder nationaler Bedeutung) europaweit zu verbreiten. Das länderverbindende Moment der Euro-Prägungen kommt nicht zum Zuge. Die Chance, die europäische Einigung auch mit numismatischen Mitteln zu begleiten, wird nicht genutzt.

Mit dieser Regelung wird aber dennoch das erreicht, was der Europäische Rat wie folgt formuliert hat: „Die Ausgabe von Sammlermünzen ist zu begrüßen und darf nicht behindert werden, nicht zuletzt weil damit kulturelle und lokale Werte und Traditionen zum Ausdruck kommen".

Andererseits sind die Argumente der Gegenseite auch von Gewicht:

– Der Integrationsgrad in Europa wird auf lange Sicht kaum gemeinsame kulturelle und historische Traditionen aufweisen, auf denen basierend eurolandweite Themen als Euro-Sammlermünzen herausgegeben werden könnten. Sammlermünzen werden deswegen auf längere Sicht auf den Geltungsbereich einzelner Nationen beschränkt bleiben. Sammlermünzen mit nationalen Themen werden gesammelt.

– Sobald Sammlermünzen mit Agio ausgeben und gehandelt werden, wird die Rücknahmegarantie zum Nennwert praktisch nicht in Anspruch genommen.

– Die Zahlungsfunktion der Sammlermünzen wird bei einer solchen Preissituation nicht erfüllt werden. Im Geldumlauf werden diese Sammlermünzen keine Rolle spielen.

– Für eine eurolandweite Zulassung von Sammlermünzen müßte aber auch eine beachtliche bürokratische Hürde zu überwinden sein:
  Nach Art. 105a und 189c des Maastricht-Vertrags hat der Rat die Ausgabe einer Sammlermünze mit einer entsprechenden Ratsverordnung zu genehmigen.

Bezüglich von **Medaillen und Marken** ist eine strenge Abgrenzung zu den (Euro-) Münzen getroffen worden. Den Hintergrund dafür lieferte die „Empfehlung der Kommission vom 13. Januar 1999 zu Sammlermünzen, Medaillen und Marken". In Deutschland ist diese Empfehlung im 3. Euro-Einführungsgesetz (Artikelgesetz) vom 16. Dezember 1999 in nationales Recht überführt worden. Im Art. 4 wird festgelegt, daß Medaillen und Marken keinen Anlaß zur Verwechslung mit den Euro-Münzen und den deutschen Euro-Gedenkmünzen geben dürfen.

Anmerkung zu den einzelnen Qualitätsstufen

Die Qualität der Münzen wird neben dem Grad der umlaufbedingten Abnutzung auch am Fertigungsvorgang gemessen.

	Ronden	Stempelbehandlung Standzeit	Anzahl der Hübe je Prägevorgang	Handhabung
Normalprägung z. B. für Massenware; Umlaufqualität	Keine Besonderheiten, unbehandelt	Wechsel nach ca. 300.000 bis 1 Mio. Prägevorgängen; Verschleiß abhängig u. a. von der Legierung des Münzwerkstoffes.	**einer**	Starke mechanische Beanspruchung der Münzen beim Rollieren und beim Zählen durch Zählmaschinen für lose in Beuteln verpackte Stücke.
Normalprägung für 10-Euro-Stücke	Keine Besonderheiten, unbehandelt	Wechsel nach ca. 50.000 Prägevorgängen; motivabhängig; je filigraner, desto häufiger der Wechsel.	**zwei** für gutes Aussehen	Starke mechanische Beanspruchung der Münzen beim Rollieren.
Stempelglanz	ggf. Abwaschen von Rückständen, z. B. Öle, Konservierungs-mittel	Wechsel nach ca. 10.000 bis 50.000 Prägevorgängen, Stempeloberfläche wird nach 500 bis 1000 Münzen gesäubert, ggf. gebürstet.	**einer**	Kein Rollieren und maschinelles Zählen; Stücke werden kontrolliert in kleinen Mengen per Hand entnommen.
Spiegelglanz oder **Proof-like**	Besondere Qualität, z. B. kugelpoliert in der Münzstätte	Im Stempel ist der Münzgrund hochglänzend poliert, das Relief mattiert über Sandstrahlen; wiederholtes Säubern der Stempeloberfläche; Wechsel erfolgt bei kleinsten Beschädigungen. Die Qualitätskontrolle mit der Lupe erfolgt nach jeweils 4 bis 5 Stücken.	**zwei bis drei**	Kein Rollieren und maschinelles Zählen; einzeln werden die Stücke mit Handschuhen gehandhabt und verpackt.
Polierte Platte, **PP** oder **Proof**	Allerhöchste Qualität, (makellos), einzeln verpackt angeliefert	Im Stempel ist der Münzgrund hochglänzend poliert, das Relief ist über Sandstrahlen mattiert; wiederholtes Säubern der Stempeloberfläche; Wechsel erfolgt bei kleinsten Beschädigungen. Die Qualitätskontrolle erfolgt mit einer Lupe nach jedem Stück.	**zwei bis drei**	Kein Rollieren und maschinelles Zählen; einzeln werden die Stücke mit Handschuhen gehandhabt und verpackt. Gearbeitet wird in staubfreier Kabine. Die PP-Stücke dürfen als besondere Glanzstücke nicht den geringsten Makel aufweisen – anders als bei Spiegelglanz (proof-like).

Mit dem Euro werden für die Produktion von Sammlermünzen neue europäische Qualitätsstandards unter den Münzdirektoren z. Zt. diskutiert.

Übersicht über das Prägevolumen von Euro-(Umlauf-)Münzen zu Beginn der Währungsunion

Die folgenden Übersichten (Stand: April 1999) zeigen das jeweilige Prägevolumen, um den Start zum 1. Januar 2002 mit Euro-(Umlauf-)Münzen zu versorgen. Die größte Veränderung ist bei Finnland eingetreten, das nur wenige 1- und 2-Cent-Stücke in den Verkehr bringt, vgl. Kapitel zu Finnland.

Die hier angegebenen Stückzahlen sind sowohl solche, die bis zum Ende 2001 zu produzieren sind, als auch solche, die den Gesamtersatz darstellen.

STARTMENGEN in Mio. Stück

	total	1 Cent	2 Cent	5 Cent	10 Cent	20 Cent	50 Cent	1 Euro	2 Euro
Belgien	3.002,0	878,0	438,0	438,0	447,0	235,0	256,0	195,0	115,0
Deutschland	17.000,0	3.700,0	1.800,0	2.300,0	3.300,0	1.600,0	1.600,0	1.700,0	1.000,0
Finnland	1.829,6	287,8	662,4	195,2	366,0	158,0	45,2	65,0	50,0
Frankreich	11.000,0	2.700,0	2.100,0	1.600,0	1.200,0	1.000,0	600,0	1.100,0	700,0
Griechenland	1.600,0	88,0	172,0	288,0	257,0	370,0	145,0	118,0	162,0
Irland	1.764,0	464,0	371,0	327,0	217,0	148,0	66,0	105,0	66,0
Italien	7.400,0	750,0	1.100,0	1.200,0	1.200,0	1.500,0	900,0	200,0	550,0
Luxemburg	120,0	20,0	20,0	20,0	20,0	10,0	10,0	10,0	10,0
Niederlande	2.800,0	500,0	400,0	600,0	500,0	220,0	250,0	170,0	160,0
Österreich	2.000,0	400,0	130,0	135,0	540,0	135,0	200,0	260,0	200,0
Portugal	1.620,0	290,0	340,0	245,0	275,0	145,0	190,0	85,0	50,0
Spanien	7.085,0	812,0	1.500,0	1.083,0	900,0	901,0	1.264,0	435,0	190,0
total	57.220,6	10.889,8	9.033,4	8.431,2	9.222,0	6.422,0	5.526,2	4.443,0	3.253,0

GEWICHT in Tonnen

	total	1 Cent	2 Cent	5 Cent	10 Cent	20 Cent	50 Cent	1 Euro	2 Euro
Stückgewicht	g/St.	2,30	3,06	3,92	4,10	5,74	7,80	7,50	8,50
Belgien	**12.695**	2.019	1.340	1.717	1.833	1.349	1.997	1.463	978
Deutschland	**79.478**	8.510	5.508	9.016	13.530	9.184	12.480	12.750	8.500
Finnland	**7.127**	662	2.027	765	1.501	907	353	488	425
Frankreich	**48.448**	6.210	6.426	6.272	4.920	5.740	4.680	8.250	5.950
Griechenland	**8.428**	202	526	1.129	1.054	2.124	1.131	885	1.377
Irland	**7.087**	1.067	1.135	1.282	890	850	515	788	561
Italien	**36.520**	1.725	3.366	4.704	4.920	8.610	7.020	1.500	4.675
Luxemburg	**563**	46	61	78	82	57	78	75	85
Niederlande	**12.624**	1.150	1.224	2.352	2.050	1.263	1.950	1.275	1.360
Österreich	**10.046**	920	398	529	2.214	775	1.560	1.950	1.700
Portugal	**7.172**	667	1.040	960	1.128	832	1.482	638	425
Spanien	**34.301**	1.868	4.590	4.245	3.690	5.172	9.859	3.263	1.615
total	**264.489**	**25.047**	**27.642**	**33.050**	**37.810**	**36.862**	**43.104**	**33.323**	**27.651**

Anhand dieser Startmengen und des Gewichtes werden die Probleme des größten Bargeldtausches der Geschichte deutlich:

a) die **Logistik** (Lagerung und Versorgung) der Ausgabestellen mit Euro-Münzen,

b) die anfallende **Rücknahme und Entsorgung** der nationalen, außer Kurs gesetzten Münzen,

c) die **Sicherheit** der Münzlagerung und -transporte in den Monaten des Umtausches von nationalem Geld in neues Euro-Geld.

WERT in Mio. Euro

	total	1 Cent	2 Cent	5 Cent	10 Cent	20 Cent	50 Cent	1 Euro	2 Euro
Belgien	684,1	8,8	8,8	21,9	44,7	47,0	128,0	195,0	230,0
Deutschland	5.338,0	37,0	36,0	115,0	330,0	320,0	800,0	1.700,0	2.000,0
Finnland	281,7	2,9	13,2	9,8	36,6	31,6	22,6	65,0	100,0
Frankreich	3.269,0	27,0	42,0	80,0	120,0	200,0	300,0	1.100,0	1.400,0
Griechenland	632,9	0,9	3,4	14,4	25,7	74,0	72,5	118,0	324,0
Irland	349,7	4,64	7,42	16,35	21,70	29,60	33,00	105,00	132,0
Italien	2.259,5	7,5	22,0	60,0	120,0	300,0	450,0	200,0	1.100,0
Luxemburg	40,6	0,2	0,4	1,0	2,0	2,0	5,0	10,0	20,0
Niederlande	752,0	5,0	8,0	30,0	50,0	44,0	125,0	170,0	320,0
Österreich	854,4	4,0	2,6	6,8	54,0	27,0	100,0	260,0	400,0
Portugal	358,5	2,9	6,8	12,3	27,5	29,0	95,0	85,0	100,0
Spanien	1.809,5	8,1	30,0	54,2	90,0	180,2	632,0	435,0	380,0
total	**16.629,8**	**108,9**	**180,7**	**421,6**	**922,2**	**1.284,4**	**2.763,1**	**4.443,0**	**6.506,0**

GESAMTÜBERSICHT

	Ausprägung Mio. Stück	Gewicht t	WERT Mio. EUR	1 Euro = ... Landeswährung	Wert in Landeswährung Mio.	
Belgien	3.002,0	12.695	684,1	40,3399	27.598	BEF
Deutschland	17.000,0	79.478	5.338,0	1,95583	10.440	DEM
Finnland	1.829,6	7.127	281,7	5,94573	1.675	FIM
Frankreich	11.000,0	48.448	3.269,0	6,55957	21.443	FRF
Griechenland	1.600,0	8.428	632,9	340,750	215.667	GRD
Irland	1.764,0	7.087	349,7	0,787564	275	IEP
Italien	7.400,0	36.520	2.259,5	1.936,27	4.375.002	ITL
Luxemburg	120,0	563	40,6	40,3399	1.638	LUF
Niederlande	2.800,0	12.624	752,0	2,20371	1.657	NLG
Österreich	2.000,0	10.046	854,4	13,7603	11.756	ATS
Portugal	1.620,0	7.172	358,5	200,482	71.863	PTE
Spanien	7.085,0	34.301	1.809,5	166,386	301.070	ESP
total	**57.220,6**	**264.489**	**16.629,8**			

Die angegebenen Preise (Stand: Ende Juli 2002) sind als **Indikation** zu verstehen. Ihre Bedeutung ist bei einem sich erst bildenden Markt für Euro-Münzen-Produkte relativ.

4.2 Euro-Münzen der Staaten

BELGIEN/BELGIË/BELGIQUE

Prägestätte

Die Euro-Münzen Belgiens werden in Brüssel in der Königlichen Münze von Belgien (De Koninklijke Munt van België / La Monnaie Royale de Belgique) geprägt. Im September 1998 begann Belgien mit der Ausprägung seiner Euro-Münzen.

Künstlerische Gestaltung der Euro-Kursmünzen

Die nationalen Seiten hat Jan-Alfons Keustermans (*6. Mai 1940 in Hoboken) gestaltet. Keustermans ist Direktor der Akademie für Schöne Künste in Turnhout. Die nationale Seite der Münze zeigt das belgische Staatsoberhaupt. Dies entspricht weitgehend der belgischen Tradition. Seit 1993 ist König Albert II. Staatsoberhaupt von Belgien.

Mit diesem schriftlosen Einheitsmotiv wird der starken Rivalität (u. a. Sprachenkonflikt) zwischen den Landesteilen Flandern und Wallonien Rechnung getragen. Das belgische Königshaus ist eine der integrativen Kräfte in Belgien.

Prägezahlen

Die belgischen Euro-Münzen zeigen das jeweilige Produktionsjahr – wie in Finnland, in Frankreich, in den Niederlanden und in Spanien. Es gibt demnach Euro-Münzen mit den Jahreszahlen 1999, 2000ff.

Nominal	Stück Mio. 1999 Ist	Stück Mio. 2000 Ist	Stück Mio. 2001 Ist	Startauflage Stück Mio. 1999 – 2001 Ist	Stück Mio. 2002 Plan
1 Euro-Cent	235,2	–	99,8	335,0	40,0
2 Euro-Cent	–	337,0	–	337,0	13,0
5 Euro-Cent	300,0	–	–	300,0	50,0
10 Euro-Cent	181,0	–	145,7	326,7	48,0
20 Euro-Cent	–	181,0	–	181,0	119,0
50 Euro-Cent	197,0	–	–	197,0	103,0
1 Euro	160,0	–	–	160,0	120,0
2 Euro	–	120,0	–	120,0	50,0
total	1.073,2	638,0	245,5	1.956,7	543,0

Euro-Starter-Kits

Belgien gab ab 15. Dezember 2001 Euro-Münzen als Haushaltspackungen (Euro-Minikits) an seine Bürger aus, damit sich diese mit den neuen Euro-Münzen rechtzeitig vertraut machen konnten. An das Publikum wurden diese Euro-Minikits für genau 500 Belgische Franken (BEF) abgegeben. Ein solcher Satz besteht aus:

		Betrag in	
Stücke	Nominal	Euro	BEF
2	1 Euro-Cent	0,02	
4	2 Euro-Cent	0,08	
4	5 Euro-Cent	0,20	
5	10 Euro-Cent	0,50	
3	20 Euro-Cent	0,60	
4	50 Euro-Cent	2,00	
5	1 Euro	5,00	
2	2 Euro	4,00	
total 29		12,40	500,21

Verschiedene Jahrgänge   5.300.000   40,–

Euro-Kursmünzen

Zu den Preisen für lose belgische Euro-Kursmünzen siehe Seite 46.

1-001	1 Euro-Cent

Porträt König Alberts II. im Profil nach links, umgeben vom Sternenlogo, in dem rechts das bekrönte Königsmonogramm A II. und die Jahreszahl stehen.

1999	235.200.000	–,–
2000	–*	–,–
2001	99.800.000	–,–
2002		–,–
2003		–,–

1-002	2 Euro-Cent

Albert II., ähnlich 1-001

1999	–*	–,–
2000	337.000.000	–,–
2001	–*	–,–
2002		–,–
2003		–,–

* Nur 40.000 Exemplare für Intro-Sätze geprägt.

1-003	5 Euro-Cent

Albert II., ähnlich 1-001

1999	300.000.000	–,–
2000	–*	–,–
2001	–*	–,–
2002		–,–
2003		–,–

1-004	10 Euro-Cent

Albert II., ähnlich 1-001

1999	180.950.000	–,–
2000	–*	–,–
2001	145.750.000	–,–
2002		–,–
2003		–,–

* Nur 40.000 Exemplare für Intro-Sätze geprägt.

1-005 20 Euro-Cent

Albert II., ähnlich 1-001

1999	–*	–,–
2000	181.000.000	–,–
2001	–*	–,–
2002		–,–
2003		–,–

1-006 50 Euro-Cent

Albert II., ähnlich 1-001

1999	197.000.000	–,–
2000	–*	–,–
2001	–*	–,–
2002		–,–
2003		–,–

* Nur 40.000 Exemplare für Intro-Sätze geprägt.

1-007   1 Euro

Albert II., ähnlich 1-001

1999	160.000.000	–,–
2000	–*	–,–
2001	–*	–,–
2002		–,–
2003		–,–

1-008   2 Euro

Albert II., ähnlich 1-001

Rand: Eine Gruppe von drei Elementen – die Ziffer „2" und zwei Sterne – in wechselnder Leserichtung – sechsfach wiederholt

★   ★   2   ✦   ✦   ߱

1999	–*	–,–
2000	120.000.000	–,–
2001	–*	–,–
2002		–,–
2003		–,–

* Nur 40.000 Exemplare für Intro-Sätze geprägt.

Einzelstücke und lose Sätze

Die belgischen Euro-Kursmünzen werden einzeln – gestaffelt nach Nominal und in Normalprägung – zwischen 0,50 und 6,00 Euro gehandelt.

Loser Satz – komplett (gemischte Jahrgänge)	10,–

Euro-Jahrgangssätze

Neben den für den Geldverkehr bestimmten Münzen gibt Belgien auch Euro-Jahrgangssätze für Sammlerzwecke aus.

Diese Euro-Münzsätze werden in den Qualitäten „brillant unzirkuliert" (BU) und/oder in „polierter Platte" (PP) ausgegeben.

Für die Jahre 1999, 2000 und 2001 ist ein sogenannter Intro-Satz (Einführungssatz) mit allen belgischen Euro-(Umlauf-)Münzen für diese drei Jahre ausgegeben worden. Die Jahrgangssätze enthalten auch solche Nominale, die nicht in dem jeweiligen Jahr für den Umlauf geprägt worden waren. Von diesen Intro-Sätzen (vierteiliges Faltalbum) mit den Jahressätzen 1999, 2000 und 2001 gibt es 40.000 Stück.

Jahrgangssätze in Stgl.

1999	40.000	Stgl.		
2000	40.000	Stgl.	zusammen als Intro-Satz	160,–
2001	40.000	Stgl.		

Motive der belgischen Jahrgangssätze

Die „Goldene-Sporen-Schlacht" (Guldensporenslag oder Bataille des Eperons d'Or) bei Kortrijk 1302 zwischen Frankreich und dem rebellierenden Flandern.

2002	100.000	Stgl.	40,–

EU-Ratspräsidentschaft

(1-Euro-Stücke der zwölf Euro-Länder)

Belgien hatte in der 1. Hälfte des Jahres 2002 die EU-Ratspräsidentschaft inne. Spanien hatte sie davor und Dänemark folgte für die 2. Hälfte des Jahres 2002. Die Ratspräsidentschaft wechselt turnusmäßig jedes halbe Jahr. Anläßlich der belgischen Ratspräsidentschaft gab Belgien einen Euro-Satz aus, in dem alle 1-Euro-Stücke der zwölf Euro-Länder der EU enthalten waren incl. zwei Medaillen und eine CD-ROM.

2002	100.000	Stgl.	15,–

1-Euro-Münzsatz

(Sonderauflage des belgischen Finanzministeriums)

Das belgische Finanzministerium hat eine Sonderausfertigung von 1-Euro-Sätzen in geblisterter Form fertigen lassen. Die Auflage betrug 2.000 Stück.

2002	2.000	Normalprägung	–,–

Euro-Länder-Satz

Die Königliche Münze von Belgien (Koninklijke Munt van België) gab 4.000 Euro-Komplett-Sätze aus. Ein solcher Komplett-Satz enthält alle Euro-Umlaufmünzen der zwölf teilnehmenden EU-Länder und somit (12 Länder à 8 Münzen =) 96 Euro-Umlaufmünzen. Die Euro-Umlaufmünzen sind prägefrisch, einheitlich konfektioniert und in einem Album zusammengestellt verpackt.

Euro-Komplettsatz mit den Kursmünzen aller zwölf Euro-Länder	4.000	Stgl.	–,–

Gedenkmünzen in Silber und Gold

Diese Euro-Gedenkmünzen haben nur im Königreich Belgien die Eigenschaft eines gesetzlichen Zahlungsmittels.

Die technischen Merkmale der belgischen Euro-Gedenkmünzen sind die folgenden:

Nennwert Euro	Metall / Legierung	Gewicht g	Durchmesser mm
10	Ag925 Cu75	18,75	33,00
100	Au999,9	15,55	29,00

1-100   10 Euro

50 JAHRE NORD-SÜD-VERBINDUNG IN BRÜSSEL

Erstausgabetag: 2. September 2002

Diese Nord-Südverbindung über den Zentral-Bahnhof brachte eine deutliche Entlastung des innerstädtischen Verkehrs in Brüssel. Sie schuf eine durchgehende Verbindung aus dem flämischen Norden in den wallonischen Süden.

Rand: geriffelt

Künstler: Luc Luycx

2002	40.000	PP	45,–

1-101   100 Euro

Die politischen Väter Europas (Adenauer, Schuman, Spaak)

Erstausgabetag: November/Dezember 2002

Den europäischen Einigungsprozeß haben nach dem 2. Weltkrieg angestoßen: der Belgier Paul-Henri Spaak, der Franzose Robert Schuman und der Deutsche Konrad Adenauer.

Rand: geriffelt

Künstler: Willem Vis für die Bildseite
                 Luc Luycx für die Wertseite (Vorderseite)

2002	5.000	PP	380,–

DEUTSCHLAND/ALLEMAGNE/GERMANY
Prägestätten

Die deutschen Euro-Münzen werden in den fünf deutschen Münzstätten geprägt:

Die Prägung der deutschen Euro-Münzen hat im August 1998 in München begonnen.

Das Prägevolumen teilt sich auf die traditionellen Prägestätten der Bundesrepublik Deutschland wie folgt auf:

	Münz-zeichen	Präge-anteil
Staatliche Münze **Berlin**	A	20 %
Bayerisches Hauptmünzamt, **München**	D	21 %
Staatliche Münzen Baden-Württemberg Prägestandort **Stuttgart** Prägestandort **Karlsruhe**	F G	24 % 14 %
Hamburgische Münze, **Hamburg**	J	21 %

Bei den 10-Euro-Cent-Stücken wurde bei den Münzen für die Startauflage eine Verschiebung des Prägeauftrags von Stuttgart nach Karlsruhe vorgenommen. Karlsruhe prägte zu Lasten des ursprünglichen Kontingents Stuttgarts 50,1 Mio. 10-Euro-Cent-Stücke mehr.

Die Münzstätte in **Berlin** ist erstmals 1280 urkundlich erwähnt worden. Friedrich der Große hatte 1750 im Zuge der Graumann'schen Münzreform den ersten Buchstaben des Alphabetes der Berliner Münze, der bedeutendsten Prägeanstalt Preußens, zugeordnet, und dies wurde als Usus unverändert beibehalten. 1800 ist am Werderschen Markt die königliche Münze neu erbaut worden. 1934 wurde mit dem Bau der Deutschen Reichsmünze begonnen ohne sie jedoch fertigzustellen. 1947 ist die Preußische Staatsmünze in Münze Berlin umbenannt worden. 1974 erhielt sie den Namen **Münze der Deutschen Demokratischen Republik** und nach der Wiedervereinigung Deutschlands 1990 den Namen **Staatliche Münze Berlin.**

Das **Bayerische Hauptmünzamt** ist mit seiner Geschichte eng mit der der Stadt München verwoben. 1157 verlieh Herzog Heinrich der Löwe der Siedlung „Munichen" das Stadt- und Münzrecht. Diese Rechte bestätigte 1158 Kaiser Friedrich I. Barbarossa auf dem Reichstag zu Augsburg. In der langen Geschichte wechselten mehrfach Münzhäuser und deren Standorte. 1986 wurde das im Zentrum der Stadt gelegene Hauptmünzamt – untergebracht in einem 400 Jahre alten Renaissancebau – an den Rand der Stadt verlegt. Heute ist das Bayerische Hauptmünzamt, das seit der Reichseinigung von 1871 mit dem Münzbuchstaben D prägt, in einem modernen Industriezweckbau untergebracht.

Die **Staatlichen Münzen Baden-Württemberg** befinden sich an zwei Standorten.

Die Prägestätte **Stuttgart** ist 1374 von Graf Eberhard II. mit Erlaubnis von Kaiser Karl IV. gegründet worden. Im 2. Weltkrieg weitgehend vernichtet, hat die Prägestätte Stuttgart 1967 ihr sechstes Gebäude in ihrer Geschichte bezogen. Stuttgart prägt mit dem Münzkennzeichen F.

Die Prägestätte **Karlsruhe** ist in einem denkmalgeschützten Gebäude untergebracht. Dieses im klassizistischen Stil errichtete Gebäude hat Friedrich Weinbrenner 1827 nach den Plänen Ludwig Kachels erbaut. Kachel war der Leiter der badischen Münzverwaltung. Karlsruhe prägt mit dem Münzkennzeichen G.

Die **Hamburgische Münze** prägt mit dem Kennbuchstaben J. Hamburg ist wohl die älteste Prägestätte Deutschlands. Auf das Jahr 834 geht die älteste Hamburger Münzprägung zurück (Ausübung des kaiserlichen Münzrechtes durch den Erzbischof von „Hammaburg"). In einer vom 7. Mai 1189 stammenden Urkunde hat Kaiser Friedrich I. Barbarossa der Stadt Hamburg u. a. das Privileg beurkundet, daß ihr die Aufsicht über die Münzstätte zustehe. 1325 erwarb die Stadt Hamburg durch Kauf der Münzstätte vom Grafen von Holstein auch das Recht, Münzen zu prägen. Der große Brand von 1842 zerstörte auch die Hamburgische Münze. In der neu errichteten Münzstätte begann Hamburg mit der Prägung der Münznominale der deutschen Einheitswährung. 1943 haben Bombenangriffe die Münzprägestätte weitgehend zerstört. 1948 wurde die Münzprägung wiederaufgenommen. Seit 1982 ist die Hamburgische Münze in einem modernen Zweckbau untergebracht, der die Voraussetzungen für eine großindustrielle Fertigung liefert.

Exkurs: Das Münzgesetz (MünzG) vom 16. Dezember 1999

Mit der Einführung des Euro als gesetzliches Zahlungsmittel und der Übertragung der Rechte zur Regelung und Steuerung der Euro-Einheitswährung von den nationalen Notenbanken auf die Europäische Zentralbank (EZB) war das nationale Münzrecht neu zu regeln. Nationales und europäisches Recht mußten zusammenwirken. Deutschland tat dies mit dem 3. Euro-Einführungsgesetz vom 16. Dezember 1999.

Das neue Münzgesetz (MünzG) ist im Artikel 2 dieses Einführungsgesetzes dargestellt worden und ist am 1. Januar 2002 in Kraft getreten. Das Gesetz über die Ausprägung von Scheidemünzen vom 8. Juli 1950 – in wesentlichen Teilen unverändert geblieben – ist zugleich mit dem 31. Dezember 2001 außer Kraft getreten.

Der bereits erwähnte europäische Rechtsrahmen führte zu einer nur auf das Notwendigste sich beschränkenden nationalen Regelung durch den Gesetzgeber. Diesen Rechtsrahmen geben ab:

Art. 105a des Maastricht-Vertrags bzw. **Art. 106 des Amsterdamer Vertrags.**
Das Notenmonopol liegt bei der EZB. Das Recht zur Ausgabe (Münzregal) der Euro-Münzen verbleibt bei den Mitgliedsstaaten, jedoch in Abstimmung mit der Europäische Zentralbank (EZB) in Frankfurt am Main.

Verordnung (EG) Nr. 975/98 des Europäischen Rates vom 3. Mai 1998 über die Stückelung und die technischen Merkmale für die zum Umlauf bestimmten Euro-Münzen incl. geringfügiger Modifizierung durch die **Verordnung vom 22. Februar 1999.**

Die wichtigsten Bestimmungen dieses Münzgesetzes sind:

- Es gibt
  Euro-(Umlauf-)Münzen
  deutsche Euro-(Umlauf-)Münzen und
  deutsche Euro-Gedenkmünzen.

  Dem Bund steht das Münzregal, d. h. das Recht zur Ausprägung, unverändert zu. (§ 1)

- Der Begriff Scheidemünzen entfällt.

- Sammlermünzen sind auf Euro lautende Gedenkmünzen und deutsche Euro-(Umlauf-)Münzen in Sonderausführung. Die deutschen Euro-Gedenkmünzen sind im Inland gesetzliches Zahlungsmittel. Sammlermünzen können zu einem über dem Nennwert liegenden Preis abgegeben werden. (§ 2)

- Mehr als 50 Euro-Münzstücke braucht keiner anzunehmen. Bei Einzelzahlung mit zum Teil deutschen Euro-Gedenkmünzen ist die Annahmepflicht auf 100 EUR begrenzt. Keine Annahmeverweigerung gibt es für den Bund als Emittenten und für die Deutsche Bundesbank. Diese Annahmeverpflichtung gilt für alle Euro-(Umlauf-)-Münzen, auch für die des Vatikans, Monacos und San Marinos. Die einzigen unbeschränkt anzunehmenden gesetzlichen Zahlungsmittel sind die auf Euro lautenden Banknoten. (§ 3)

- Die Gestaltungskompetenz der nationalen Münzseite liegt beim Bund. (§ 4)

- Das Recht zur Gestaltung der deutschen Euro-Gedenkmünzen liegt beim Bund. (§ 5)

- Die deutschen Euro-Münzen werden bei den Münzstätten derjenigen Bundesländer geprägt, die sich dazu bereit erklären und der Bund beauftragt. (§ 6)

- Die deutschen Euro-Münzen und Euro-Gedenkmünzen bringt die Deutsche Bundesbank in Verkehr. (§ 7)

- Euro-Kursmünzen und deutsche Euro-Gedenkmünzen sind, sofern sie unbrauchbar geworden sind, für Rechnung des Bundes einzuziehen. Die Verpflichtung zur Rücknahme bezieht sich auch auf die Euro-(Umlauf-)Münzen (Euro-Kursmünzen) aller Mitgliedsstaaten, soweit diese im inländischen Zahlungsverkehr kursieren. (§ 8)

- Unter Beachtung von Fristen kann die Bundesregierung deutsche Euro-(Umlauf-)-Münzen (Euro-Kursmünzen) und Euro-Gedenkmünzen außer Kurs setzen. Dem Recht zur Ausgabe folgt das Recht zur Außerkurssetzung. (§ 9)

• Die Paragraphen 10, 11, 12 und 13 betreffen

die Verordnungsermächtigung wegen Verwechselungsgefahr von Medaillen und Marken mit Euro-Münzen, (§ 10)

den Münzschutz (§ 11),

Bußgeldvorschriften (§ 12) und Übergangsvorschriften (§ 13).

Künstlerische Gestaltung der Euro-Kursmünzen

Am 17. September 1997 entschied gemäß § 6 des damals noch gültigen Gesetzes über die Ausprägung von Scheidemünzen die Bundesregierung[13] über die Darstellung der nationalen Seite.

Bei der Gestaltung der nationalen Seiten waren für jede der drei Metallgruppen ein für Deutschland spezifischer Themenkreis maßgeblich:

– für die kleinen Münzwerte (**1, 2** und **5 Euro-Cent**)
Der **Eichenzweig** erinnert an den früheren Pfennig. Professor Rolf Lederbogen aus Karlsruhe hat die Vorlage zu diesen Nominalen erstellt. Das Eichenlaub auf deutschen Münzen zu nutzen, geht auf die Rückseitengestaltung der Vereinsprägungen gemäß der Münchner Konventionen von 1837 zurück.

– für die mittleren Münzwerte (**10, 20** und **50 Euro-Cent**)
Das **Brandenburger Tor** steht als sinnstiftendes Bauwerk für die Teilung und wiedergewonnene Einheit Deutschlands. Von allen deutschen Bauwerken hat es den höchsten Symbolwert. Die perspektivische Erweiterung in der Gestaltung betont die Durchlässigkeit des Tores. Geschaffen hat diese Seite Reinhart Heinsdorff aus Friedberg.

– für die Nominale zu **1** und **2 Euro**
Sie zeigen den **Adler** als traditionelles deutsches Hoheitssymbol. Den Entwurf dazu lieferten Heinz Hoyer und Sneschana Russewa-Hoyer aus Berlin.

---

13) Die Empfehlung zu den Motiven der nationalen Münzseiten hatte eine Jury abgegeben. Zu ihr gehörten die drei federführenden Ressorts Bundesinnen-, Bundesbau- und Bundesfinanzministerium sowie als Fachpreisrichter ein Bildhauer, ein Historiker, ein Museumsdirektor und zwei Münzdirektoren.

Prägezahlen

Deutschland hat in den Jahren 1999 bis einschließlich 2002 die Euro-Kursmünzen durchgängig mit der Jahreszahl 2002 geprägt.

Nominal	Startauflage zum 1. Januar 2002 Stücke Mio.	Nachprägeauftrag Stücke Mio.
1 Euro-Cent	3.700,0	–
2 Euro-Cent	1.800,0	500,0
5 Euro-Cent	2.300,0	–
10 Euro-Cent	3.300,0	500,0
20 Euro-Cent	1.600,0	500,0
50 Euro-Cent	1.600,0	500,0
1 Euro	1.700,0	500,0
2 Euro	1.000,0	500,0
total	**17.000,0**	**3.000,0**

Für die 17,0 Mrd. Stück Euro-Kursmünzen als Startauflage wurde Material in der Masse von 79.478 t benötigt.

Die bisher ausgegebenen DM-Münzen – ca. 48,3 Mrd. Stück als **rechnerischer Umlauf** – wurden eingezogen, wobei die Deutsche Bundesbank schätzte, daß ca. 31 Mrd. Stück zurückfließen werden, inkl. des Bestands bei der Deutschen Bundesbank.

Bei den einzelnen Euro-Kursmünzen ist im Katalogteil bereits der Nachprägeauftrag in Höhe von 3,0 Mrd. Stück für 2002 mitzugerechnet worden.

Im Deutschen sind „Euro" und „Cent" invariable Wörter, d. h. zwischen der Singular- und Pluralform gibt es keinen Unterschied in der Schreibweise.

Euro-Starter-Kits

Deutschland gab im Zuge der Vorabausstattung (Frontloading) Euro-Kursmünzen ab 17. Dezember 2001 als Haushaltsmischungen – sog. Starter-Kits – an seine Bürger aus. Mit dieser Maßnahme hatten die Bürger die Möglichkeit, sich mit den neuen Euro-Kursmünzen rechtzeitig vertraut zu machen. Eine solche in Plastiktüte verpackte Haushaltsmischung – an das Publikum für 20,00 DM abgegeben – enthält folgende Euro-Kursmünzen:

Stücke	Nominal	Betrag in Euro	DEM
1	1 Euro-Cent	0,01	
1	2 Euro-Cent	0,02	
2	5 Euro-Cent	0,10	
3	10 Euro-Cent	0,30	
4	20 Euro-Cent	0,80	
4	50 Euro-Cent	2,00	
3	1 Euro	3,00	
2	2 Euro	4,00	
total **20**		**10,23**	**20,01**

Die Differenz von 1 Pfennig ging zu Lasten der öffentlichen Hand.

An solchen Haushaltsmischungen wurden 53.542.150 produziert:

A	12.142.150	16,–
D	11.600.000	16,–
F	12.120.000	16,–
G	8.080.000	18,–
J	9.600.000	16,–

Aufgrund des unterschiedlichen Münzzeichens für die jeweilige Münzstätte gibt es fünf münzzeichenverschiedene Euro-Starter-Kits von Deutschland.

Es wurden auch Haushaltsmischungen ohne Aufdruck ausgegeben. Die Landeszentralbank Berlin hat auch Beutel mit Münzen aus verschiedenen deutschen Münzstätten gemischt zusammengestellt.

Euro-Kursmünzen

Zu den Preisen für lose deutsche Euro-Kursmünzen siehe Seite 61.

2-001   1 Euro-Cent

Eichenlaub, im unteren Bereich – getrennt durch den Zweig – links das Münzzeichen für die Prägestätte und rechts das Ausgabejahr; umgeben vom Sternenlogo.

2002	A	740.000.000	–,–
	D	777.000.000	–,–
	F	888.000.000	–,–
	G	518.000.000	–,–
	J	777.000.000	–,–

2-002   2 Euro-Cent

Eichenlaub, ähnlich wie 2-001

2002	A	460.000.000	–,–
	D	483.000.000	–,–
	F	552.000.000	–,–
	G	322.000.000	–,–
	J	483.000.000	–,–

2-003	5 Euro-Cent

Eichenlaub, ähnlich wie 2-001

2002	A	460.000.000	-,-
	D	483.000.000	-,-
	F	552.000.000	-,-
	G	322.000.000	-,-
	J	483.000.000	-,-

2-004	10 Euro-Cent

Brandenburger Tor in Berlin, darunter untereinander angeordnet das Ausgabejahr und das Münzzeichen für die Prägestätte; umgeben vom Sternenlogo.

2002	A	760.000.000	-,-
	D	798.000.000	-,-
	F	861.900.000	-,-
	G	582.100.000	-,-
	J	798.000.000	-,-

2-005 20 Euro-Cent

Brandenburger Tor, ähnlich wie 2-004

2002	A	420.000.000	–,–
	D	441.000.000	–,–
	F	504.000.000	–,–
	G	294.000.000	–,–
	J	441.000.000	–,–

2-006 50 Euro-Cent

Brandenburger Tor, ähnlich wie 2-004

2002	A	420.000.000	–,–
	D	441.000.000	–,–
	F	504.000.000	–,–
	G	294.000.000	–,–
	J	441.000.000	–,–

2-007   1 Euro

Bundesadler als traditionelles deutsches Hoheitszeichen, darunter das Ausgabejahr und das Münzzeichen für die Prägestätte; im Ring das Sternenlogo.

2002	A	440.000.000	–,–
	D	462.000.000	–,–
	F	528.000.000	–,–
	G	308.000.000	–,–
	J	462.000.000	–,–

2-008   2 Euro

Bundesadler, ähnlich wie 2-007

Randinschrift: im Riffelrand vertieft   EINIGKEIT   UND   RECHT   UND   FREIHEIT und Adler

2002	A	300.000.000	–,–
	D	315.000.000	–,–
	F	360.000.000	–,–
	G	210.000.000	–,–
	J	315.000.000	–,–

Einzelstücke und lose Sätze

Die deutschen Euro-Kursmünzen werden einzeln – gestaffelt nach Nominal und in Normalprägung – zwischen 0,50 und 4,00 Euro gehandelt.

Loser Satz – komplett	8,–

Der Euro-Komplettsatz

Die Bundeswertpapierverwaltung gab 50.000 Euro-Komplett-Sätze aus – in der Qualität prägefrisch und einheitlich konfektioniert in einer Sammlerbox. Ein solcher Euro-Komplettsatz enthält alle Euro-Kursmünzen der zwölf teilnehmenden EU-Länder. Die Euro-Kursmünzen von Monaco, San Marino und des Vatikan-Staates gehören nicht zu dieser Ausgabe.

Die deutschen Euro-Kursmünzen in diesem europäischen Komplettsatz werden in einem Mischsatz, was die Prägestätten betrifft, ausgegeben. Den Sammlern wurde per Los ein solcher Euro-Komplettsatz zugeteilt.

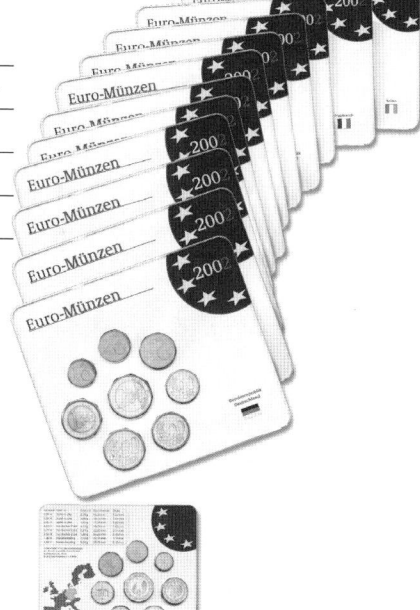

Münzzeichen		Nominal	
A	Berlin	5	Euro-Cent und 50 Euro-Cent
D	München	1	Euro-Cent und 2 Euro
F	Stuttgart	10	Euro-Cent
G	Karlsruhe	20	Euro-Cent
J	Hamburg	2	Euro-Cent und 1 Euro

Euro-Komplettsatz mit den Kursmünzen aller zwölf Euro-Länder	50.000	200,–

Euro-Jahrgangssätze

Neben den für den Geldverkehr bestimmten Münzen gibt Deutschland auch Euro-Jahrgangssätze für Sammlerzwecke aus. Der erste Sammler-Satz ist aus dem Jahre 2002.

Diese Euro-Kursmünzsätze (KMS) werden in den Qualitäten „Stempelglanz" (Stgl) – in etwa „brillant unzirkuliert" (BU) – und in Spiegelglanz (PP, korrekt proof-like) ausgegeben.

Die Euro-Kursmünzensätze der Bundesrepublik Deutschland haben folgendes Aussehen:

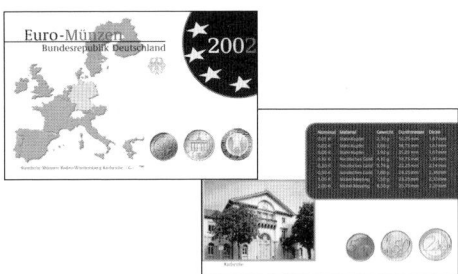
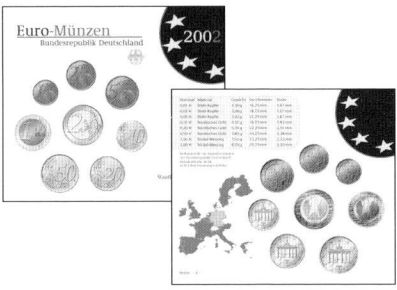

Spiegelglanz-Sätze (PP)
sind querrechteckig

Sätze in Normalprägung
(Stempelglanz-Sätze) sind quadratisch

Bei den Jahrgangssätzen sind aufgeführt:

  die technischen Spezifikationen der Euro-Kursmünzen und
  eine Umrißkarte des EU-Raums. Deutschland ist innerhalb dieser Karte farblich abgesetzt.

Jahrgangssätze in Stgl.

2002	A	135.000*	Stgl.		16,–
	D	135.000*	Stgl.		16,–
	F	135.000*	Stgl.		16,–
	G	135.000*	Stgl.		16,–
	J	135.000*	Stgl.		16,–

* zuzüglich 10.000 Sätze je Münzstätte für die Deutsche Post AG
Die Preise sind Vorbestellpreise des Münzhandels, die Sätze werden erst ab September 2002 ausgeliefert.

Jahrgangssätze in PP

2002	A	100.000*	PP	30,–
	D	100.000*	PP	30,–
	F	100.000*	PP	30,–
	G	100.000*	PP	30,–
	J	100.000*	PP	30,–

* zuzüglich 25.000 Sätze je Münzstätte für die Deutsche Post AG

Spezielle Sonderanfertigung des Euro-Kursmünzensatzes 2002 D

Numismata 2002 in München – Herausgeber: Bayerisches Hauptmünzamt

2002	D	250	Normalprägung	300,–

Münzenmesse Stuttgart 2002 – Herausgeber: Bayerisches Hauptmünzamt

 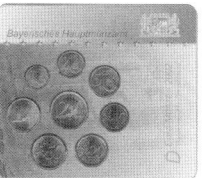

2002	D	250	Normalprägung	300,–

Gedenkmünzen in Silber und Gold

Diese Euro-Gedenkmünzen haben nur in Deutschland die Eigenschaft eines gesetzlichen Zahlungsmittels.

Die Ausgabepolitik bei den Euro-Gedenkmünzen hat sich gegenüber der DM-Zeit geändert. Die Prägung der jeweiligen Gedenkmünze sowohl in Stempelglanz als auch in Spiegelglanz (PP, korrekt proof-like) wird jetzt jeweils **nur noch in einer Münzstätte** pro Gedenkmünze ausgeführt.

Die technischen Merkmale der deutschen Euro-Gedenkmünzen sind die folgenden:

Nennwert Euro	Legierung	Gewicht g	Durchmesser mm	Dicke mm
10	Ag925 Cu75	18,00	32,50	2,60
100	Au999,9	15,55	28,00	1,65
200	Au999,9	31,10	32,50	2,45

Die Euro-Gedenkmünzen haben ein etwas höheres Relief.

Numisblätter

Zu jeder Gedenkmünze gibt das Finanzministerium eine themengleiche Sonderbriefmarke heraus. Die Numisblätter verbinden in idealer Weise zwei Sammelgebiete: die Münze und die Briefmarke. In dem jeweiligen Numisblatt sind verbunden: die Gedenkmünze in der Qualität Stempelglanz und ein Zehnerbogen mit dem Berliner Ersttagsstempel.

2-100 10 Euro

Einführung des Euro – Übergang zur Währungsunion

Erstausgabetag: 23. Januar 2002

Die D-Mark war das Symbol für den Wiederaufbau. Der Euro ist das Symbol für den europäischen Einigungsprozeß. Die Einführung des Euro-Bargelds zum 1. Januar 2002 ist der Anlaß zu dieser Sonderprägung, und nicht die Einführung des Euro als Einheitswährung, die bereits seit dem 1. Januar 1999 existiert.

Randinschrift: IM ZEICHEN DER EINIGUNG EUROPAS vertieft im glatten Rand

Künstler: Erich Ott (München)

Prägestätte: Stuttgart F

2002	F	2.000.000[1]	Stgl.	18,–
		400.000[2]	PP	28,–

[1] davon 180.000 Numisblätter der Deutschen Post AG
[2] incl. 9020 Stücke für Deputatzwecke

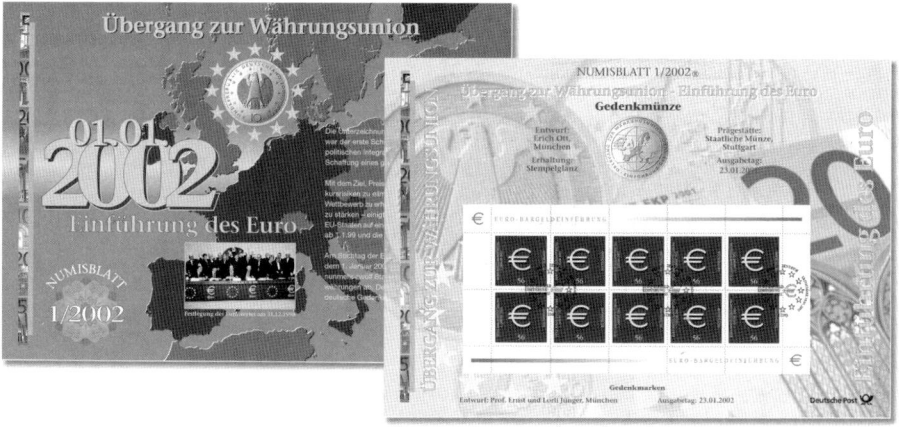

2-101 10 Euro

100 Jahre U-Bahn in Deutschland

Erstausgabetag: 14. Februar 2002

In Berlin wurde 1902 zum erstenmal in Deutschland eine U-Bahn in Betrieb genommen. Der Siegeszug dieses Beförderungsmittels hatte damit auch in Deutschland begonnen. Die Oberbaumbrücke über die Spree ziert die Bildseite.

Randinschrift:	HISTORISCH UND ZUKUNFTSWEISEND vertieft im glatten Rand
Künstler:	Bodo Broschat (Berlin)
Prägestätte:	München D

2002	D	2.000.000¹	Stgl.	15,–
		400.000²	PP	24,–

¹ davon 200.000 Numisblätter der Deutschen Post AG
² incl. 7280 Stücke für Deputatzwecke

2-102   10 Euro

Kunstausstellung Documenta in Kassel

Erstausgabetag: 2. Mai 2002

Die zeitgenössische Kultur und Kunst finden auf der documenta in Kassel ihr internationales Forum. Die Themenseite zeigt das grafische Erscheinungsbild der 1. documenta im Jahre 1955. Arnold Bode, der erste künstlerische Leiter, hatte das kleine „d" als Logo gewählt.

Randinschrift: KUNST · ART · कला · ΤΟΙ · קונסט · ИСКУССТВО · فن · NKA · 艺术 ·
vertieft im glatten Rand

Die Randinschrift hat das Wort KUNST in neun verschiedenen Sprachen: Deutsch, Englisch, Hindi, Maori, Hebräisch, Russisch, Arabisch, Igbo (Nigeria) und Chinesisch.

Künstler: Frantisek Chochola (Hamburg)

Prägestätte: Hamburg J

2002	J	2.000.000[1]	Stgl.		14,–
		400.000[2]	PP		20,–

[1] davon 200.000 Numisblätter der Deutschen Post AG
[2] incl. 7080 Stücke für Deputatzwecke

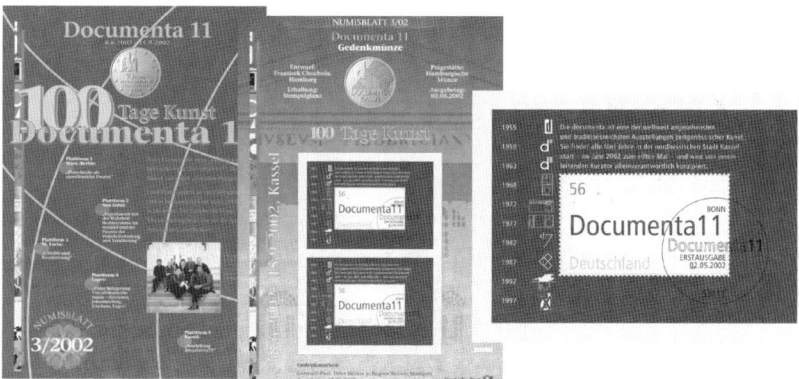

2-103   **100 Euro**

Einführung des Euro – Übergang zur Währungsunion

Erstausgabetag: 9. Mai 2002

Die ersten deutschen Goldmünzen in der Euro-Währung erinnern an den Übergang zur Währungsunion und die Einführung des Euro (vgl. 2-100). Es gibt zwei motivgleiche Versionen, die sich im Nennwert unterscheiden: 100 Euro und 200 Euro. Die Bundesregierung hatte diese Ausgabe am 17. Oktober 2001 beschlossen.

Bei dem Münzwettbewerb für die 10-Euro-Gedenkmünze zur Einführung des Euro hatte es zwei Erste Preise gegeben. Ein Erster Preis wurde bei der 10-Euro-Münze (vgl. 2-100) und der zweite Erste Preis ist bei den beiden Goldmünzen verwendet worden.

Der bei diesen Goldmünzen ausgeführte Entwurf zeigt das Euro-Symbol umgeben von Darstellungen der auf den Banknoten gezeigten Motive der verschiedenen Baustile mit der Umschrift ÜBERGANG ZUR WÄHRUNGSUNION   EINFÜHRUNG DES EURO und auf der Wertseite den Bundesadler mit Wertbezeichnung, die Jahreszahl und die Umschrift BUNDESREPUBLIK DEUTSCHLAND.

Rand: geriffelt

Künstler: Zvone Jesovsek (Nürnberg)

Prägestätte: alle

2002	A	100.000	Stgl.	420,–
	D	100.000	Stgl.	420,–
	F	100.000	Stgl.	420,–
	G	100.000	Stgl.	420,–
	J	100.000	Stgl.	420,–

2-104   **200 Euro**

Einführung des Euro – Übergang zur Währungsunion

Erstausgabetag: 9. Mai 2002

Randinschrift: IM ZEICHEN DER EINIGUNG EUROPAS vertieft im glatten Rand

Künstler: Zvone Jesovsek (Nürnberg)

Prägestätte: alle

2002	A	20.000	Stgl.	1800,–
	D	20.000	Stgl.	1800,–
	F	20.000	Stgl.	1800,–
	G	20.000	Stgl.	1800,–
	J	20.000	Stgl.	1800,–

2-105   10 Euro

Museumsinsel in Berlin

Erstausgabetag: 8. August 2002

Die Museumsinsel in Berlin (Spree-Athen) ist als Ensemble von Kunst und Architektur einmalig auf der Welt. Deswegen ist es als Weltkulturerbe klassifiziert. Auf der Museumsinsel befinden sich fünf weltberühmte Museen: das Bode-Museum, das Pergamon-Museum, die Alte Nationalgalerie[1] von Friedrich August Stüler, das Neue Museum und das Alte Museum vom Architekten Karl Friedrich Schinkel.

[1] 1865 gebaut, 1876 von Kaiser Wilhelm I. eingeweiht und im Dezember 2001 nach einer grundlegenden Renovierung wiedereröffnet.

Randinschrift:	FREISTÄTTE FÜR KUNST UND WISSENSCHAFT vertieft im glatten Rand
Künstler:	Frantisek Chochola (Hamburg)
Prägestätte:	Berlin A

2002	A	2.000.000[1]	Stgl.	14,–
		280.000[2]	PP	20,–

[1] davon 200.000 Numisblätter der Deutschen Post AG
[2] incl. 7080 Stücke für Deputatzwecke

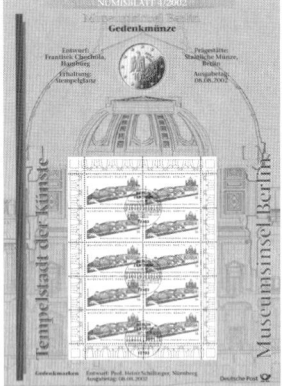 

2-106   10 Euro

50 Jahre Deutsches Fernsehen

Erstausgabetag: 7. November 2002

Ab dem Jahre 1952 begann das Fernsehen den Lebensstil in Deutschland nachhaltig zu prägen. Die minimalistische Darstellung des Bildschirms dominiert die Bildseite.

Randinschrift:	INFORMATION BILDUNG UNTERHALTUNG vertieft im glatten Rand
Künstler:	Jordi Regel (Berlin)
Prägestätte:	Karlsruhe G

2002	G	2.000.000[1]	Stgl.
		280.000[2]	PP

[1] davon 200.000 Numisblätter der Deutschen Post AG
[2] incl. 7080 Stücke für Deputatzwecke

Numisbrief Euro-Länder

Die Deutsche Post AG plant fürs Jahresende 2002 ein Numisblatt mit zwölf 1-Euro-Stücken der Euro-Länder (ohne Monaco, San Marino und Vatikan) und je einer 2002er Briefmarke dieser zwölf EU-Länder. Dabei ist es so, daß es nicht für jedes dieser Länder eine Briefmarke mit Bezug zum Währungsübergang gibt.

2-107   **10 Euro**

Industrielandschaft Ruhrgebiet

Erstausgabetag: Januar 2003

Diese Landschaft mit ihrer montan-industrieller Prägung hat sich zur Hochschul- und Wissenschaftslandschaft weiterentwickelt. Auf die sozialpolitischen Auseinandersetzungen machen die Stichworte 𝕿𝖆𝖗𝖎𝖋-𝖁𝖊𝖗𝖙𝖗𝖆𝖌, 𝕲𝖊𝖓𝖊𝖗𝖆𝖑𝖘𝖙𝖗𝖊𝖎𝖐 𝖚𝖓𝖉 𝕬𝖗𝖇𝖊𝖎𝖙𝖘𝖔𝖗𝖉𝖓𝖚𝖓𝖌 aufmerksam.

Randinschrift:	RUHRPOTT KULTURLANDSCHAFT vertieft in glattem Rand
Künstler:	Hans-Joa Dobler (Ehekirchen)
Prägestätte:	Stuttgart F

2003	F	2.000.000[1]	Stgl.
		280.000[2]	PP

[1] davon 200.000 Numisblätter der Deutschen Post AG
[2] incl. 7080 Stücke für Deputatzwecke

2-108   10 Euro

100 Jahre Deutsches Museum in München

Erstausgabetag: April 2003

Oskar von Miller hat die Idee vom Zusammenspiel von Mensch und Technik als Leitlinie im Deutschen Museum in München realisiert. Das 1903 gegründete Museum hat sich die Aufgabe gestellt, den historischen Werdegang der Naturwissenschaften, der Technik und der Industrie zu veranschaulichen. Dabei werden im wesentlichen Original-Maschinen und -Apparate, Nachbildungen, Modelle und Demonstrationseinrichtungen eingesetzt.

Randinschrift:	SAMMELN AUSSTELLEN FORSCHEN BILDEN vertieft in glattem Rand
Künstler:	Victor Huster (Baden-Baden)
Prägestätte:	München D

2003	D	2.000.000[1]	Stgl.
		280.000[2]	PP

[1] davon 200.000 Numisblätter der Deutschen Post AG
[2] incl. 7280 Stücke für Deputatzwecke

2-109 10 Euro

200. Geburtstag von Justus von Liebig

Erstausgabetag: Juni 2003

Justus von Liebig (∗12. Mai 1803, geadelt 1845, †18. April 1873) wurde bereits mit 21 Jahren Professor der Chemie an der Universität in Gießen. Durch ihn wurde Gießen zu einem internationalen Mittelpunkt der Chemiker-Ausbildung. Er schuf die Grundlagen der Agrikulturchemie, die eine ungeahnte Ausweitung der Ernährungsbasis mit sich brachte.

Randinschrift:	FORSCHEN LEHREN ANWENDEN vertieft in glattem Rand
Künstler:	Bodo Broschat (Berlin)
Prägestätte:	Hamburg J

2003	J	2.000.000[1]	Stgl.	–,–
		280.000[2]	PP	–,–

[1] davon 200.000 Numisblätter der Deutschen Post AG
[2] incl. 7080 Stücke für Deputatzwecke

2-110 10 Euro (Planung)

Fußballweltmeisterschaft in Deutschland 1. Ausgabe

Erstausgabetag: Juni 2003

Randinschrift:

Künstler:

Prägestätte: Berlin A

Es ist geplant jeweils im Juni der drei folgenden Jahre 2004, 2005 und 2006 eine weitere Gedenkmünze auf die in Deutschland ausgetragene Fußballweltmeisterschaft auszugeben. Als Prägestätten für diese vierteilige Münzserie sind neben Berlin vorgesehen: 2004 München, 2005 Stuttgart oder Karlsruhe und 2006 Hamburg

2003	A		Stgl.
			PP

2-111 10 Euro (Planung)

50. Jahrestag des Volksaufstands vom 17. Juni 1953

Erstausgabetag: Juni 2003

Randinschrift:

Künstler:

Prägestätte: Berlin A

2003	A	2.000.000[1]	Stgl.
		280.000[2]	PP

[1] davon 200.000 Numisblätter der Deutschen Post AG
[2] incl. 7080 Stücke für Deputatzwecke

2-112   10 Euro (Planung)

200. Geburtstag des Baumeisters Gottfried von Semper

Erstausgabetag: November 2003

Randinschrift:

Künstler:

Prägestätte: Karlsruhe G

2003	G	2.000.000[1]	Stgl.
		400.000[2]	PP

[1] davon 200.000 Numisblätter der Deutschen Post AG
[2] incl. 7080 Stücke für Deputatzwecke

2-113   100 Euro (Planung)

Quedlinburg

Mit dieser Münze beginnt eine Reihe von fünf 100-Euro-Goldmünzen, die an die deutschen Orte erinnert, die von der UNESCO zum Weltkulturerbe ernannt worden sind. Es sind dies die folgenden fünf Städte: Quedlinburg, Bamberg, Weimar, Lübeck und Stralsund.

Erstausgabetag: November 2003

Rand: geriffelt

Künstler:

Prägestätte: alle

2003	A	150.000
	D	150.000
	F	150.000
	G	150.000
	J	150.000

2-114   10 Euro (Planung)

Wissenschaft/Raumstation – ISS –

Erstausgabetag: 2004

Randinschrift: vertieft im glatten Rand

Künstler:

Prägestätte: München D

2004	D	2.000.000[1]	Stgl.
		280.000[2]	PP

[1] davon 200.000 Numisblätter der Deutschen Post AG
[2] incl. 7280 Stücke für Deputatzwecke

2-115   10 Euro (Planung)

200. Geburtstag von Eduard Mörike

Erstausgabetag: 2004

Randinschrift: vertieft im glatten Rand

Künstler:

Prägestätte: Stuttgart F

2004	F	2.000.000[1]	Stgl.
		280.000[2]	PP

[1] davon 200.000 Numisblätter der Deutschen Post AG
[2] incl. 7080 Stücke für Deputatzwecke

2-116 10 Euro (Planung)

Naturlandschaft Wattenmeer

Erstausgabetag: 2004

Randinschrift: vertieft im glatten Rand

Künstler:

Prägestätte: Hamburg J

2004	J	2.000.000[1]	Stgl.
		280.000[2]	PP

[1] davon 200.000 Numisblätter der Deutschen Post AG
[2] incl. 7080 Stücke für Deputatzwecke

2-117 10 Euro (Planung)

Europathema (Erweiterung, Europäischer Konvent)

Erstausgabetag: 2004

Randinschrift: vertieft im glatten Rand

Künstler:

Prägestätte: Karlsruhe D

2004	D	2.000.000[1]	Stgl.
		280.000[2]	PP

[1] davon 200.000 Numisblätter der Deutschen Post AG
[2] incl. 7080 Stücke für Deputatzwecke

2-118   10 Euro (Planung)

Bauhaus Dessau

Erstausgabetag: 2004

Randinschrift: vertieft im glatten Rand

Künstler:

Prägestätte: Berlin A

2004	A	2.000.000[1]	Stgl.
		280.000[2]	PP

[1] davon 200.000 Numisblätter der Deutschen Post AG
[2] incl. 7080 Stücke für Deputatzwecke

2-119   10 Euro (Planung)

Fußballweltmeisterschaft in Deutschland (2. Ausgabe)

Erstausgabetag: 2004

Randinschrift:

Künstler:

Prägestätte: München D

2004	D		

2-120   100 Euro (Planung)

Bamberg

Erstausgabetag: 2004

Rand: geriffelt

Künstler:

Prägestätte: alle

2004	A	150.000
	D	150.000
	F	150.000
	G	150.000
	J	150.000

FINNLAND/SUOMI/FINLAND

Prägestätte

Die Euro-Münzen Finnlands werden in der Staatsmünze Finnlands (Rahapaja Oy oder Mint of Finland Ltd.) in der Stadt Vantaa / Vanda geprägt. Die Münzprägung begann im Herbst 1998.

Künstlerische Gestaltung der Euro-Kursmünzen

Am 12. Mai 1998 ist die nationale Seite der finnischen Euro-Münzen der Öffentlichkeit vorgestellt worden. Finnland wählte drei Motive, jedoch anders als Deutschland oder Frankreich. Diese beiden Staaten wählten je Metallgruppe ein eigenes Motiv. Finnland dagegen wählte je Nominalgruppe ein eigenes Motiv.

Auf allen **Euro-Cent-Stücken** ist der finnische heraldische Löwe in neuer Gestaltung zu sehen. Auf den finnischen 1-Markka-Stücken war er schon zwischen 1921 und 2001 vorhanden. Der Bildhauer Heikki Häiväoja hat die neue Vorlage geschaffen. Seit dem Münzgesetz vom 27. Mai 1918 hatte das Löwenwappen Finnlands auf der Vorderseite zu stehen.

Beim **1-Euro**-Stück, das der Künstler Pertti Mäkinen entworfen hat, wird das Motiv „Land der 1000 Seen" aufgenommen. Dieses Motiv mit zwei Schwänen ist auch bei der Gedenkmünze zur 80jährigen Unabhängigkeit Finnlands verwendet worden. Dieses Motiv erhielt damals den dritten Preis zuerkannt. Der weiße Schwan auf blauem Hintergrund ist das Umkehrbild der finnischen Flagge: blaues Kreuz auf weißem Hintergrund. Den Schwan findet man bereits als prähistorisches Zeugnis auf Felsenmalereien am Ufer des Onega-Sees.

Auf dem **2-Euro**-Stück hat der Künstler Raimo Heino mit der Torfbrombeere oder „lakka" eine charakteristische, aber sehr seltene Blume der arktischen Flora von Nordfinnland dargestellt.

Alle Münzen zeigen ein M als Zeichen für den Münzdirektor Raimo Makkonen.

Prägezahlen

Finnland gibt das Produktionsjahr auf den Münzen an, wie es auch Belgien, Frankreich, die Niederlande und Spanien praktizieren. Dementsprechend gibt es Euro-Kursmünzen mit den Jahreszahlen 1999, 2000, 2001 und 2002. Über die Prägemengen geben staatliche Stellen z. Zt. keine Auskunft.

Nominal	Stück Mio.	Stück Mio.	Startauflage Stück Mio.	Stück Mio.	Stück Mio.	Stück Mio.	Geplante Startauflage Stück Mio.
	1999 Ist	2000 Ist	2001 Ist	1999 – 2001 Ist	2002 Plan	2002**	Plan
1 Euro-Cent						5,050	287,8*
2 Euro-Cent						5,059	662,4*
5 Euro-Cent						115,459	195,2
10 Euro-Cent						106,984	366,0
20 Euro-Cent						202,273	158,0
50 Euro-Cent						49,820	45,2
1 Euro						50,176	65,0
2 Euro						42,882	50,0
total							**1.829,6**

* Für diese beiden Nominale wurden im Januar 2002 die Größenordnungen von 1 bis 2 Mio. Stück je Nominal genannt. Zum Hintergrund dieser Änderungen bei den 1- und 2-Cent-Stücken vgl. folgenden Exkurs. Die angegebenen Zahlen stellen den Gesamtbedarf an finnischen Euro-Kursmünzen dar, wie er im April 1999 gesehen worden war.
** Zum 31. 7. 2002 befanden sich diese Münzen laut der finnischen Nationalbank im Umlauf.

Exkurs: Der Bedarf an 1- und 2-Cent-Stücken in Finnland

Ein finnisches Gesetz über das Auf- und Abrunden von Zahlungen in Euro – erlassen am 27. Oktober 2000, in Kraft getreten am 1. Januar 2002 – hat beträchtlichen Einfluß auf die Prägemengen der 1- und 2-Cent-Stücke.

Dieses Gesetz schreibt grundsätzlich u. a. vor, daß

- **abgerundet** werden

    ein Betrag, der auf ein oder zwei Cent endet, auf den nächstkleineren durch zehn teilbaren Cent-Betrag,

    ein Betrag, der auf sechs oder sieben Cent endet, auf den nächstkleineren durch fünf teilbaren Cent-Betrag,

- **aufgerundet** werden

    ein Betrag, der auf drei oder vier Cent endet, auf den nächstgrößeren durch fünf teilbaren Cent-Betrag,

    ein Betrag, der auf acht oder neun Cent endet, auf den nächstgrößeren durch zehn teilbaren Cent-Betrag.

Mit dieser Vorschrift ist nur noch ein geringer Bedarf an den 1- und 2-Cent-Stücken gegeben. Geprägt werden diese Nominal-Stücke vornehmlich für Sammlerzwecke und für einige Zahlungsvorgänge, bei denen der Gesetzgeber Ausnahmen zu den o. g. Vorschriften zugelassen hat.

Euro-Starter-Kits

Finnland gab im Zuge der Vorabausstattung (Frontloading) Euro-Münzen ab 15. Dezember 2001 als Haushaltsmischungen – sog. Starter-Kits – an seine Bürger aus. Diese Maßnahme erlaubte es den Bürgern, sich mit den neuen Euro-Münzen rechtzeitig vertraut zu machen. Eine solche Haushaltsmischung enthielt folgende Euro-Münzen:

Stücke	Nominal	Betrag in Euro	FIM
1	1 Euro-Cent/eurosentti	0,01	
1	2 Euro-Cent/eurosenttiä	0,02	
1	5 Euro-Cent/eurosenttiä	0,05	
1	10 Euro-Cent/eurosenttiä	0,10	
1	20 Euro-Cent/eurosenttiä	0,20	
1	50 Euro-Cent/eurosenttiä	0,50	
1	1 Euro	1,00	
1	2 Euro/Euroa	2,00	
total 8		3,88	23,07

2002	500.000		140,–

Von diesen Haushaltspackungen wurden 500.000 dem Publikum zu je 23,00 Finnmark (FIM) zur Verfügung gestellt. Diese Starter-Kits wurden im Auftrag des finnischen Finanzministeriums am Prägestandort Stuttgart der Staatlichen Münze Baden-Württemberg konfektioniert.

Euro-Kursmünzen

Zu den Preisen für lose finnische Euro-Kursmünzen siehe Seite 89.

3-001	**1 Euro-Cent**

Finnischer heraldischer Löwe, daneben Jahreszahl, umgeben vom Sternenlogo.

1999	–,–
2000	–,–
2001	–,–
2002	–,–
2003	–,–

3-002	**2 Euro-Cent**

ähnlich wie 3-001

1999	–,–
2000	–,–
2001	–,–
2002	–,–
2003	–,–

3-003   5 Euro-Cent

ähnlich wie 3-001

1999	–,–
2000	–,–
2001	–,–
2002	–,–
2003	–,–

3-004   10 Euro-Cent

ähnlich wie 3-001

1999	–,–
2000	–,–
2001	–,–
2002	–,–
2003	–,–

3-005	20 Euro-Cent

ähnlich wie 3-001

1999	-,-
2000	-,-
2001	-,-
2002	-,-
2003	-,-

3-006	50 Euro-Cent

ähnlich wie 3-001

1999	-,-
2000	-,-
2001	-,-
2002	-,-
2003	-,-

3-007   1 Euro

Zwei Schwäne im Flug über Seenlandschaft mit Jahreszahl, im Ring das Sternenlogo.

1999	–,–
2000	–,–
2001	–,–
2002	–,–
2003	–,–

3-008   2 Euro

Blühende Torfbrombeere oder Moltebeere (rubus chamaemorus) darunter Jahreszahl, im Ring das Sternenlogo.

Randinschrift: SUOMI FINLAND drei Löwenköpfe

1999	–,–
2000	–,–
2001	–,–
2002	–,–
2003	–,–

Einzelstücke und lose Sätze

Die finnischen Euro-Kursmünzen werden einzeln – gestaffelt nach Nominal und in Normalprägung – zwischen 0,50 und 8,00 Euro gehandelt. Die 1- und 2-Cent-Stücke zwischen 4,00 und 8,00 Euro.

Loser Satz – komplett (gemischte Jahrgänge)	20,–

Euro-Jahrgangssätze

Neben den für den Geldverkehr bestimmten Münzen gibt Finnland auch Euro-Jahrgangssätze für Sammlerzwecke aus.

Diese Euro-Münzsätze werden in den Qualitäten „brillant unzirkuliert" (BU) und in „polierter Platte" (PP) ausgegeben.

Jahrgangssätze in Stgl.

1999	35.000	Stgl.		45,–
2000	35.000	Stgl.		45,–
2001	35.000	Stgl.		45,–
2002/1	75.000	Stgl.	150 Jahre Domin Helsinki	40,–

Jahrgangssätze in PP

2002/2	8.000	PP	inkl. goldene Medaille	380,–

Gedenkmünzen in Silber und Gold

Diese Euro-Gedenkmünzen haben nur in Finnland die Eigenschaft eines gesetzlichen Zahlungsmittels.

Die technischen Merkmale der finnischen Euro-Gedenkmünzen sind die folgenden:

Nennwert Euro	Legierung	Gewicht g	Durchmesser mm	Rand
10	Ag925 Cu75	27,40	38,60	glatt

3-100	10 Euro

Elias Lönnrot (Schriftsteller und Volkskundler)

Erstausgabetag: 28. Februar 2002

Diese Münze erinnert an den 200. Geburtstages von Elias Lönnrot (∗9. April 1802; †19. März 1884). Lönnrot erforschte die finnische Sprache und sammelte alte finnische Volkslieder, insbesonders die zum Nationalepos Kalevala. Dieses Nationalepos trug wesentlich zur Erstarkung des finnischen Nationalbewußtseins bei.

Das Band mit den zwölf Sternen kann weitergewoben werden – ein Hinweis auf das erweiterungsfähige, gemeinsame Europa.

Künstler: Pertti Mäkinen

2002	40.000	Stgl.	44,–
	40.000	PP	50,–

3-101   **10 Euro**

50-jähriges Jubiläum der Olympischen Spiele von Helsinki

Erstausgabetag: 21. August 2002

Mit den olympischen Spielen in Helsinki 1952 begannen die Sommerspiele der Nachkriegszeit. Erstmals war die Sowjetunion dabei. Finnland hat als erstes Land Olympia-Münzen geprägt. Star der Spiele war der Tschechoslowake Emil Zatopèk, der Gold in den 5- und 10.000-m-Läufen und im Marathonlauf gewonnen hatte.

Die Vorderseite nimmt z. T. Rückgriff auf die Olympiamünze von 1952.

Aus deutscher Sicht ist zu erwähnen, daß (West-)Deutschland zum erstenmal nach dem 2. Weltkrieg wieder an olympischen Sommerspielen teilnehmen durfte. Das deutsche Olympia-Comeback stellte die Weichen für die sportliche Zukunft. Man war noch nicht wieder wer. Aber man war wieder da.

Künstler: Vorderseite: Hannu Veijalainen
                   Rück- bzw. Wertseite: Erkki Vainio

2002	10.000	BU
	40.000	PP

FRANKREICH/FRANCE

Prägestätte

Die Euro-Münzen der Republik Frankreich werden in Pessac, nahe Bordeaux, geprägt. In Pessac wurde mit dem Beschluß von 1973 ein modern eingerichteter Produktionsbetrieb der Monnaie de Paris errichtet: das **Établissement Monétaire de Pessac**. Im Mai 1998 begann die industrielle Fertigung der Euro-Münzen.

Künstlerische Gestaltung der Euro-Kursmünzen

Die nationalen Seiten haben – je Metallgruppe – mit einem Motiv in Fortführung der traditionellen französischen Münzbilder gestaltet:

- für die **1-, 2-** und **5-Euro-Cent**-Stücke **Fabienne Courtiade** (∗1970 in Villeneuve-Saint-Georges, seit 1996 an der Pariser Münze als Graveurin tätig, sie ist die zweite Frau, die im Atelier de Gravure arbeitet). Sie schuf die Büste einer neuen Marianne – une nouvelle Marianne –, der französischen Symbolfigur, die für republikanischen Werte steht.

- für die **10-, 20-** und **50-Euro-Cent**-Stücke **Laurent Jorio** (∗1973 in Bouaké, Elfenbeinküste, erwarb akademische Titel in Cambridge, Genf und Frankreich). Er stellt die Säerin – une nouvelle semeuse – in neuer Form dar. Dies ist ein Motiv, das Ende des 19. Jahrhunderts Louis-Oscar Roty (∗1846; †1911) zum erstenmal in die Gestaltung französischer Münzen brachte und das zum Element der modernen Münzgestaltung in Frankreich wurde. Die „Frau auf dem Weg" – la femme en marche – soll Großzügigkeit, Hoffnung und Freiheit signalisieren. Sie symbolisiert die fundamentale Rolle Frankreichs beim Bau des Europäischen Hauses.

- für die **1-** und **2-Euro**-Stücke **Joaquim Jimenez** (∗1956 in Saumur). Der stilisierte Baum als Symbol für Frankreich steht für Leben, Natur, Einheit, Ausdauer, Wachstum und Freiheit. Mit den Wurzeln und der Krone symbolisiert er die Einbettung in die Geschichte und das Streben in die Zukunft. Über den Zweigen steht die französische Devise mit den drei Grundforderungen aus der Zeit der Aufklärung: LIBERTÉ ÉGALITÉ FRATERNITÉ, d. h. Freiheit, Gleichheit, Brüderlichkeit.

Auf allen Stücken ist RF als Abkürzung für République Française zu sehen. Frankreich läßt für das Wort Cent auch die französische Form Centime(s) zu.

Die Münzzeichen auf der nationalen Seite des französischen 1-Euro-Stückes im Maßstab 2:1.

Zeichen der Prägestätte

Graveurzeichen für Pierre Rodier

Französische Devise
LIBERTÉ ÉGALITÉ FRATERNITÉ

Landeskennung RF =
République Française

Künstlername J. JIMENEZ

Prägezahlen

Frankreich gibt wie Belgien, Finnland, die Niederlande und Spanien auf den Euro-Münzen das jeweilige Produktionsjahr an. Die Mengen für die Serien in brillant unzirkuliert und PP sind nicht in diesen Zahlen enthalten.

Nominal	Stücke Mio. 1999 Ist	Stücke Mio. 2000 Ist	Stücke Mio. 2001 Ist	Startauflage Stücke Mio. 1999 – 2001 Ist	Stücke Mio. 2002 Plan
1 Euro-Cent	794,0	605,2	300,6	1.699,8	–
2 Euro-Cent	702,1	510,1	249,1	1.461,3	–
5 Euro-Cent	616,2	280,1	217,3	1.113,6	450,0
10 Euro-Cent	447,2	297,4	144,5	889,1	360,0
20 Euro-Cent	454,3	149,0	256,3	859,6	260,0
50 Euro-Cent	105,8	179,5	276,3	561,6	280,0
1 Euro	301,1	297,3	150,2	748,5	270,0
2 Euro	56,7	171,1	237,9	465,7	180,0
total	**3.477,3**	**2.489,7**	**1.832,2**	**7.799,2**	**1.800,0**

Bis zum 31. Dezember 2001 wurden 7,8 Mrd. Euro-Münznominale geprägt. Der Ersatzbedarf wird mit 11 Mrd. Stücken angegeben. Ersetzt wurde der Umlauf (Ende 1999) in der Menge von 20.092 Mio. französischen Münz-Stücken (Produktion seit 1959).
Die Jahrgänge 1999 und 2000 zeigen auf der nationalen (Rück-)Seite u. a. eine Biene, das Zeichen für den Chef-Graveur Pierre Rodier und ab 2001 ein Hufeisen, das Zeichen für den Chef-Graveur Gérard Buquoy.
Bei der Jahreszahl der Euro-Gedenkmünzen ist noch der griechische Buchstabe α angegeben – der Hinweis auf den Beginn einer neuen Ära.

Die Euro-Münzen der Jahrgänge 1999 bis 2002 weisen zwei verschiedene Graveurzeichen auf:

1999 – 2000   Biene
               für den Leiter der Gravurabteilung Pierre Rodier

2001 –   Hufeisen
               für den Leiter der Gravurabteilung Gérard Buquoy

Euro-Starter-Kits

Frankreich gab im Zuge der Vorabausstattung (Préalimentation) Euro-Münzen ab 14. Dezember 2001 als Haushaltsmischungen – sog. Euro-Packs – an seine Bürger aus. Die Bürger waren so in der Lage, sich mit den neuen Euro-Münzen rechtzeitig vertraut machen zu können.

Eine solche im Plastikbeutel verpackte Haushaltsmischung enthält folgende Euro-Münzen:

Stücke	Nominal	Betrag in Euro	FRF
6	1 Euro-Cent	0,06	
7	2 Euro-Cent	0,14	
5	5 Euro-Cent	0,25	
4	10 Euro-Cent	0,40	
7	20 Euro-Cent	1,40	
4	50 Euro-Cent	2,00	
3	1 Euro	3,00	
4	2 Euro	8,00	
total 40		15,25	100,03

2002	53.000.000	30,–

An das Publikum wurde ein solcher Euro-Pack für genau 100,00 französische Franken (FRF) ausgegeben. 53 Mio. solcher Euro-Packs wurden produziert.

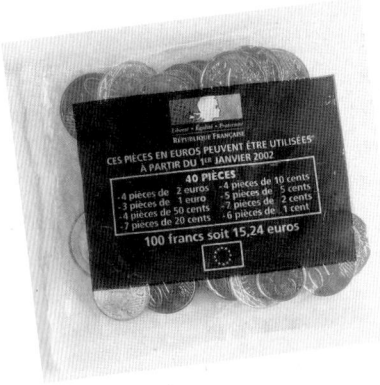

Euro-Kursmünzen

Zu den Preisen für lose französische Euro-Kursmünzen siehe Seite 101.

Zu den Preisen für lose französische Euro-Kursmünzen siehe Seite 101.

4-001	1 Euro-Cent

Marianne, daneben RF, darunter Jahreszahl, umgeben vom Sternen-Logo.

1999	794.016.000	Biene	–,–
2000	605.232.000	Biene	–,–
2001	300.646.580	Hufeisen	–,–
2002		Hufeisen	–,–
2003			–,–

4-002	2 Euro-Cent

Marianne, ähnlich wie 4-001

1999	702.069.000	Biene	–,–
2000	510.120.000	Biene	–,–
2001	249.066.580	Hufeisen	–,–
2002		Hufeisen	–,–
2003			–,–

4-003   5 Euro-Cent

Marianne, ähnlich wie 4-001

1999	616.192.000	Biene	–,–
2000	280.064.000	Biene	–,–
2001	217.289.477	Hufeisen	–,–
2002		Hufeisen	–,–
2003			–,–

4-004   10 Euro-Cent

Säerin (Semeuse), rechts davon RF, links von ihr die Jahreszahl, umgeben vom Sternenlogo.

1999	447.249.600	Biene	–,–
2000	297.432.000	Biene	–,–
2001	144.478.261	Hufeisen	–,–
2002		Hufeisen	–,–
2003			–,–

4-005　　　　　　　　　20 Euro-Cent

Säerin, ähnlich wie 4-004

1999	454.291.200	Biene	−,−
2000	148.953.600	Biene	−,−
2001	256.307.108	Hufeisen	−,−
2002		Hufeisen	−,−
2003			−,−

4-006　　　　　　　　　50 Euro-Cent

Säerin, ähnlich wie 4-004

1999	105.753.600	Biene	−,−
2000	179.496.000	Biene	−,−
2001	276.252.274	Hufeisen	−,−
2002		Hufeisen	−,−
2003			−,−

4-007   1 Euro

Baum mit einem Sechseck, Umschrift: LIBERTÉ ÉGALITÉ FRATERNITÉ, im Ring Sternenlogo und Jahreszahl.

1999	301.050.000	Biene	–,–
2000	297.270.000	Biene	–,–
2001	150.216.624	Hufeisen	–,–
2002		Hufeisen	–,–
2003			–,–

4-008   2 Euro

Baum, ähnlich wie 4-007

Rand: Eine Gruppe von drei Elementen – die Ziffer „2" und zwei Sterne – in wechselnder Leserichtung – sechsfach wiederholt

1999	56.695.000	Biene	–,–
2000	171.120.000	Biene	–,–
2001	237.915.793	Hufeisen	–,–
2002		Hufeisen	–,–
2003			–,–

Einzelstücke und lose Sätze

Die französischen Euro-Kursmünzen werden einzeln – gestaffelt nach Nominal und in Normalprägung – zwischen 0,50 und 6,00 Euro gehandelt.

Loser Satz – komplett (gemischte Jahrgänge)   13,–

Euro-Jahrgangssätze

Neben den für den Geldverkehr bestimmten Münzen gibt Frankreich auch Euro-Jahrgangssätze für Sammlerzwecke aus. Die Jahrgangssätze 1999 bis 2002 einschließlich werden in einer Kassette angeboten.

Diese Euro-Münzsätze werden in den Qualitäten „brillant unzirkuliert" (BU) und in „polierter Platte" (PP) ausgegeben.

Jahrgangssätze in Stgl./Brillant Universel oder B.U.

1999	35.000	Stgl./BU	75,–
2000	35.000	Stgl./BU	75,–
2001	35.000	Stgl./BU	75,–
2002	100.000	Stgl./BU	40,–

Jahrgangssätze in PP/Belle Èpreuve oder B.E.

1999	15.000	PP/BE	125,–
2000	15.000	PP/BE	125,–
2001	15.000	PP/BE	125,–
2002	40.000	PP/BE	95,–

BU-Set   PP-Set

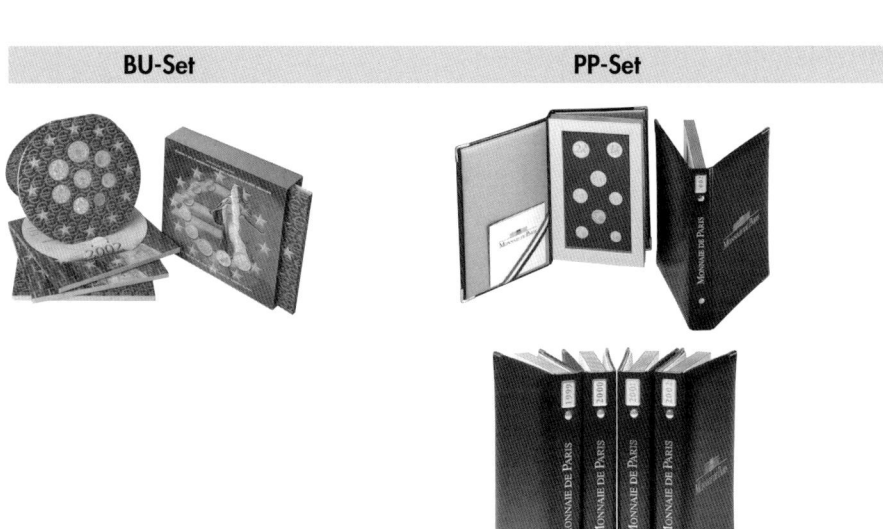

Der-Kleine-Prinz – Jahrgangssatz

Der Münzsatz „Der kleine Prinz" ist bereits in der FRF-Zeit mit der Jahreszahl 2000 (Auflage: 50.000 in BU mit neun Münzen) und mit der Jahreszahl 2001 (Auflage: 25.000 in BU mit zehn Münzen) ausgegeben worden. „Der kleine Prinz" – ein Kinderbuch – stammt aus der Feder des Schriftstellers Antoine de Saint-Exupéry, eigentlich Comte Marie Roger Graf von Saint-Exupéry, *29. Juni 1900 (Lyon), †31. Juli 1944 (bei Korsika als französischer Flugzeugpilot abgeschossen worden). Dieser Münzsatz ist als Geburtsjahr-Ausgabe gedacht (Baby-Münzsatz).

Der Jahressatz „Der kleine Prinz" enthält die acht französischen Euro-Kursmünzen mit einer kolorierten Medaille.

2002	25.000	Stgl./BU	60,–
2003			

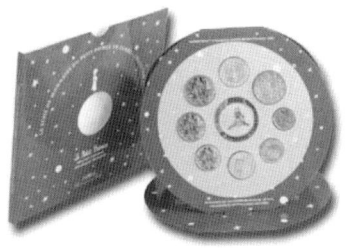 

Gedenkmünzen in Silber und Gold

Diese Euro-Gedenkmünzen haben nur in Frankreich die Eigenschaft eines gesetzlichen Zahlungsmittels.

Frankreich hat neun verschiedene Arten von Euro-Gedenkmünzen vorgesehen:

in Kupfer:	¼ Euro,
in Silber:	¼ Euro, 1½ Euro, 20 Euro
in Gold:	¼ Euro, 10 Euro, 20 Euro, 50 Euro und 100 Euro.

Die technischen Merkmale der französischen Euro-Gedenkmünzen sind die folgenden:

Nennwert Euro	Metall / Legierung	Gewicht g	Durchmesser mm	Rand
¼	Cu	12,50	30,00	
¼	Ag900 Cu100	13,00	30,00	geriffelt
1½	Ag900 Cu100	22,20	37,00	glatt
20	Ag950 Cu50	155,55	50,00	glatt
¼	Au999	3,11	15,00	glatt
10	Au920 Cu80	8,45	22,00	glatt
20	Au920 Cu80	17,00	31,00	glatt
50	Au999	31,10	37,00	glatt
100	Au999	155,55	50,00	glatt

4-100   **¼ Euro / Kupfer**

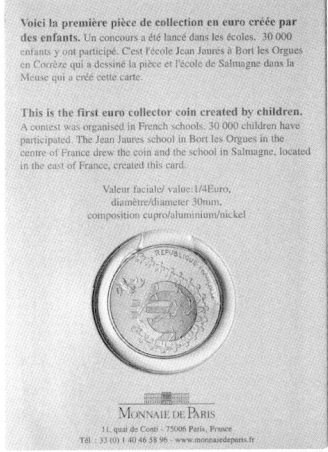

Kinder-Euro

Erstausgabetag: 17. Februar 2002

Ein Euro-Wettbewerb unter den Schulkindern in Frankreich gab die Grundlage zur Gestaltung dieses ¼-Euro-Stücks. Sie wurden in einer Blisterverpackung verkauft.

2002	1.000.000	BU	6,–

4-101 ¼ **Euro / Silber**

Kinder-Euro in Silber
(stempel- und größengleich mit dem ¼ Euro in Kupfer)

2002	10.000	PP	35,–

4-102 ¼ **Euro / Gold**

Kinder-Euro in Gold
(motivgleich, aber im Durchmesser kleiner)

2002	5.000	PP	100,–

4-103 ¼ **Euro / Silber**

Europa-Serie

Erstausgabetag: 20. März 2002

Mit einer Reihe von fünf Münzen wird motivmäßig an die Paritätsmünzen vor der Euro-Einführung angeknüpft. Ein gotisches Rosettenfenster weist die Namen der zwölf Euro-Länder auf.

2002	20.000	BU	in Blister	28,–

4-104 1 ½ Euro / Silber

Europa-Serie

Erstausgabetag: 20. März 2002

2002	50.000	PP	40,–

4-105 10 Euro / Gold

Europa-Serie

Erstausgabetag: 20. März 2002

2002	3.000	PP	270,–

4-106 20 Euro / Gold

Europa-Serie

Erstausgabetag: 20. März 2002

2002	3.000	PP	430,–

4-107 50 Euro / Gold

Europa-Serie

Erstausgabetag: 20. März 2002

2002	2.000	PP	800,–

4-108 100 Euro / Gold

Europa-Serie

Erstausgabetag: 20. März 2002

2002	99	PP		3500,–

4-109   1 ½ Euro / Silber

1. Flug über den Atlantik von West nach Ost

Erstausgabetag: 2002

Frankreich erinnert an Charles Lindbergh, der in seinem Einsitzer „Spirit of St. Louis" am 20. Mai 1927 zur Atlantiküberquerung in New York gestartet war. Nach einem Non-Stop-Flug landete er in Le Bourget am 21. Mai 1927.

2002	10.000	PP		45,–

4-110   20 Euro / Gold

1. Flug über den Atlantik von West nach Ost

Erstausgabetag: 2002

2002	1.000	PP		450,–

4-111　　　　　　　　　　**100 Euro**

1. Flug über den Atlantik von West nach Ost

Erstausgabetag:　2002

2002	99	PP		3500,–

Berühmte Denkmäler Frankreichs

Mit dieser Münzreihe setzt die Monnaie de Paris die entsprechende Reihe aus der Franken-Währung fort.

Damals sind in „Polierter Platte" mit der Jahreszahl 2001 geprägt worden:

	Nominal	Legierung	Auflage
Notre Dame Paris	10 Franken	Ag900 Cu100	20.000
Notre Dame Paris	100 Franken	Au920 Cu80	2.000
Eiffel-Turm	10 Franken	Ag900 Cu100	20.000
Eiffel-Turm	100 Franken	Au920 Cu80	2.000
Champs-Elysées	10 Franken	Ag900 Cu100	20.000
Champs-Elysées	100 Franken	Au920 Cu80	2.000
Versailles	10 Franken	Ag900 Cu100	20.000
Versailles	100 Franken	Au920 Cu80	2.000

Montmartre – ein pittoresker Stadtteil im Norden von Paris – hat eine große historische und kulturelle Rolle in der Vergangenheit gespielt. Die Vorderseite zeigt die Basilika Sacré Cœur, Moulin Rouge, Place du Tertre und Moulin de la Galette.

Mont St. Michel – eine gotische Abtei – liegt auf einer kleinen, 80 m hohen Atlantikinsel, die durch einen Damm mit dem französischen Festland verbunden ist. Die Abtei ist ein einzigartiges Denkmal mittelalterlicher Kloster- und Festungsarchitektur.

4-112	1 ½ Euro / Silber

Montmartre

Erstausgabetag: 2002

2002	10.000	PP	30,–

4-113 20 Euro / Gold

Montmartre

Erstausgabetag: 2002

2002	1.000	PP	400,–

4-114 1 ½ Euro / Silber

Mont-Saint-Michel

Erstausgabetag: 2002

2002	10.000	PP	30,–

4-115　　　　　　　　　20 Euro / Gold

Mont-Saint-Michel

Erstausgabetag:　2002

2002	1.000	PP	400,–

Gavroche aus „Les Miserables"

Victor Hugo, dessen 200. Geburtstag 2002 gefeiert wurde, erfand die Figur „Gavroche", das Straßenkind in seiner Novelle „Les Misérables". Die Gavroche-Seite ist bei den Silberstücken farbig.

4-116　　　　　　　　1 ½ Euro / Silber

Victor Hugo

Erstausgabetag:　Mai 2002

2002	10.000	PP	35,–

4-117   20 Euro / Silber

Victor Hugo

Erstausgabetag: Mai 2002

2002	500	PP	220,–

4-118   20 Euro / Gold

Victor Hugo

Erstausgabetag: Mai 2002

2002	1.000	PP	450,–

Kindermärchen

Mit einer Reihe von drei Märchen erinnert die Monnaies de Paris an den reichen Märchenschatz Europas. Diese Euro-Münzen sind bei der Silberausführung auf der Motivseite farbig ausgelegt. Die Wertseite zeigt einen Zauberstab und die Worte, mit denen die meisten Märchen beginnen: IL ÉTAIT UNE FOIS (d. h. Es war einmal …).

4-119	1½ Euro / Silber

Schneewittchen
Erstausgabetag: Juni 2002

2002	15.000	PP	35,–

4-120	20 Euro / Gold

Schneewittchen
Erstausgabetag: Juni 2002

2002	1.000	PP	450,–

4-121 1 ½ Euro / Silber

Aschenbrödel

Erstausgabetag: Juni 2002

2002	15.000	PP	35,–

4-122 20 Euro / Gold

Aschenbrödel

Erstausgabetag: Juni 2002

2002	1.000	PP	450,–

4-123 1 ½ Euro / Silber

Pinocchio

Erstausgabetag: Juni 2002

2002	15.000	PP	35,–

4-124 20 Euro / Gold

Pinocchio

Erstausgabetag: Juni 2002

2002	1.000	PP	450,–

4-125 ¼ Euro / Silber

Fußball-Weltmeisterschaft

Mit dieser Münze erinnert Frankreich an die Fußball-Weltmeisterschaft in Japan und Südkorea im Jahr 2002. Frankreich hatte seinen Titel als Fußball-Weltmeister zu verteidigen. Das Motto dieser Münze ist „Allez la France!" (Vorwärts Frankreich!).

2002	10.000	BU	23,–

100 Jahre Tour de France

Auf das 100-jährige Bestehen der Tour de France gibt Frankreich eine zwölfteilige Serie von Gold- und Silbermünzen aus. Fünf Motive stellen dieses weltberühmte Fahrradrennen dar.

4-126 1 ½ Euro / Silber

Tour de France oder Radrennfahrer

Erstausgabetag: Oktober 2002

2003

4-127   20 Euro / Gold

Tour de France oder Radrennfahrer

Erstausgabetag: Oktober 2002

2003

4-128   1 ½ Euro / Silber

Zeitfahren

Erstausgabetag: Oktober 2002

2003

4-129   20 Euro / Gold

Zeitfahren

Erstausgabetag: Oktober 2002

2003

4-130   1 ½ Euro / Silber

Bergwertung

Erstausgabetag: Oktober 2002

2003

4-131   20 Euro / Gold

Bergwertung

Erstausgabetag: Oktober 2002

2003

4-132   1 ½ Euro / Silber

Sprint

Erstausgabetag: Oktober 2002

2003

4-133   20 Euro / Gold

Sprint

Erstausgabetag: Oktober 2002

2003

4-134   ¼ Euro / Silber

Champs-Elysées (Ankunft in Paris)

Erstausgabetag: Oktober 2002

2003

4-135   1 ½ Euro / Silber

Champs-Elysées (Ankunft in Paris)

Erstausgabetag: Oktober 2002

2003

4-136   10 Euro / Gold

Champs-Elysées (Ankunft in Paris)

Erstausgabetag: Oktober 2002

2003

4-137   50 Euro / Gold

Champs-Elysées (Ankunft in Paris)

Erstausgabetag: Oktober 2002

2003

GRIECHENLAND/HELLAS/ΕΛΛΑΣ

Prägestätte

Die Euro-Münzen Griechenlands werden in Athen geprägt mit Ausnahme der Stücke, die für die Starter-Kits benötigt wurden.

Das Münzzeichen dieser Prägestätte ist eine stilisierte Blume.

Künstlerische Gestaltung der Euro-Kursmünzen

Griechenland bringt je Nominal eine eigene nationale Seite ähnlich wie Österreich oder Italien. Die Gestaltung der nationalen Seite hatte Georgios Stamatopoulos – ein Angestellter in der Gravurabteilung der griechischen Münzanstalt – übernommen. Auf den Münzen sind seine Initialen Γ und Σ angegeben.

Bei der Gestaltung der nationalen Seiten waren drei für Griechenland spezifische Themenkreise maßgeblich mit je einem eigenen Motiv je Münze:

Griechenland als Seefahrernation

Diese Bilder stehen für die Tradition der Seefahrt in Griechenland. Für ein Land mit einer umfangreichen Inselwelt ist die Schiffahrt von großer Bedeutung.

1 Euro-Cent/ΛΕΠΤΟ – attische Triere
2 Euro-Cent/ΛΕΠΤΑ – Segel-Korvette aus der Zeit des
    Unabhängigkeitskrieges
5 Euro-Cent/ΛΕΠΤΑ – moderner Tanker

Bedeutende Männer Griechenlands aus der jüngeren Zeit

Drei Beispiele stehen für griechische Politiker, die das Werden des modernen Griechenlands entscheidend beeinflußt haben. Drei große Epochen werden repräsentiert.

10 Euro-Cent/ΛΕΠΤΑ – Kampf gegen die türkische Herrschaft
20 Euro-Cent/ΛΕΠΤΑ – Unabhängigkeitskampf Griechenlands
50 Euro-Cent/ΛΕΠΤΑ – Angliederung Kretas und Eroberungen
nach dem 1. Weltkrieg

Historisch-antike Bezüge

1 Euro/ΕΥΡΩ – antike Tetradrachme von Athen
2 Euro/ΕΥΡΩ – Zeus entführt Europa

Um das Problem der Schriftunterschiede zwischen lateinischen und griechischen Buchstaben zu lösen, hat sich Griechenland entschlossen, auf der nationalen Seite die Wertbezeichnung in griechischen Buchstaben zu bringen. Dabei sind das Wort CENT zu ΛΕΠΤΟ (Lepto) bzw. ΛΕΠΤΑ (Lepta, pl.) und das Wort EURO zu ΕΥΡΩ geworden. ΛΕΠΤΟ war die Untereinheit der Währungseinheit Drachme: 1 Drachme = 100 Lepta. Diese Einteilung in Lepto bzw. Lepta ist durch die Verordnung Nr. 984/98 des Rates der Europäischen Union vom 3. Mai 1998 über die Einführung des Euro gedeckt. In der Präambel (2) dieser Verordnung ist die umgangssprachliche Abwandlung des Namen „Cent" zugelassen. Griechenland hat als einziges Land von dieser Möglichkeit auf den Münzen Gebrauch gemacht.

Prägezahlen

Griechenland hat in den Jahren 2001 bis 2002 einschließlich die Euro-Münzen für die Erstausstattung durchgängig nur mit der Jahreszahl 2002 geprägt.

Nominal	Geplante Startauflage	
	Stücke Mio.	Betrag Mio. €
1 Euro-Cent/ΛΕΠΤΟ	88	0,88
2 Euro-Cent/ΛΕΠΤΑ	172	3,44
5 Euro-Cent/ΛΕΠΤΑ	288	14,40
10 Euro-Cent/ΛΕΠΤΑ	257	25,70
20 Euro-Cent/ΛΕΠΤΑ	370	74,00
50 Euro-Cent/ΛΕΠΤΑ	145	72,50
1 Euro/ΕΥΡΩ	118	118,00
2 Euro/ΕΥΡΩ	162	324,00
total	1.600	632,92

Euro-Starter-Kits

Griechenland gab im Zuge der Vorabausstattung Euro-Münzen ab 15. Dezember 2001 als Haushaltsmischungen – sog. Starter-Kits – an seine Bürger aus. Die Bürger waren so in der Lage, sich mit den neuen Euro-Münzen rechtzeitig vertraut machen zu können.

Eine solche im Plastikbeutel verpackte Haushaltsmischung enthält folgende Euro-Münzen:

Stücke	Nominal	Betrag in Euro	GRD
5	1 Euro-Cent	0,05	
6	2 Euro-Cent	0,12	
6	5 Euro-Cent	0,30	
8	10 Euro-Cent	0,80	
7	20 Euro-Cent	1,40	
6	50 Euro-Cent	3,00	
5	1 Euro	5,00	
2	2 Euro	4,00	
total **45**		**14,67**	**5.000**

2002		3.000.000		50,–

An das Publikum wurde ein solcher Starter-Kit zu 5.000 Drachmen (GRD) ausgegeben. 3 Mio. solcher Starter-Kits wurden produziert.

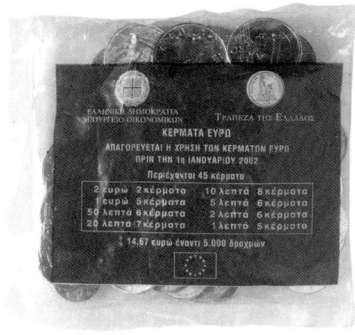

Bei den griechischen Euro-(Umlauf-)Münzen existieren Stücke, die einen Buchstaben im Stern an der Jahreszahl 2002 aufweisen. Dieser Buchstabe deutet darauf hin, daß diese Stücke im Ausland geprägt worden sind. Athen ließ nämlich vorsorglich Euro-(Umlauf-)Münzen im Ausland prägen, um den Start mit Euro-(Umlauf-)Münzen zum 1. Januar 2002 auf alle Fälle ohne Versorgungsschwierigkeiten zu bestehen. Griechenland hatte nur ein Jahr Zeit, um über die eigene Produktion die Erst-Versorgung mit Euro-(Umlauf-)Münzen sicherzustellen.

Diese so gekennzeichneten Euro-(Umlauf-)Münzen wurden für die Bestückung der Starter-Kits verwendet. Die Konfektionierung der Starter-Kits ließ Griechenland in Frankreich durch die Monnaie de Paris durchführen.

Die Zeitangabe gibt – in Analogie zu einem Ziffernblatt – die Position des markierten Sterns an.

F steht für Frankreich, E für España/Spanien und S für Suomi/Finnland.

Die Stückzahlen für die im Ausland gefertigten Euro-(Umlauf-)Münzen sind Mindestzahlen.

Euro-Kursmünzen

Zu den Preisen im Münzhandel für lose griechische Euro-Kursmünzen siehe Seite 135.

5-001	1 Euro-Cent/ΛΕΠΤΟ

Attische Triere, mit Wertangabe und Jahreszahl, umgeben vom Sternenlogo.

Die attische Triere war ein Schiff, das auf jeder Seite drei Reihen Ruderer übereinander angeordnet hatte. In den Perserkriegen (500 bis 479 bzw. 448 v. Chr.) war die Triere das hauptsächliche Kriegsschiff. Im Peloponnesischen Krieg (431 bis 404 v. Chr.) zwischen Athen, der führenden Seemacht, und der Landmacht Sparta spielten diese Trieren auch eine wichtige Rolle.

2002		88.000.000		–,–
	F	15.000.000	geprägt in Frankreich, F im 10⁰⁰-Stern	–,–

5-002 2 Euro-Cent/ΛΕΠΤΑ

Korvette („Dromon") aus der Zeit des Unabhängigkeitskriegs 1821), mit Wertangabe und Jahreszahl, umgeben vom Sternenlogo.

2002		172.000.000		–,–
	F	18.000.000	geprägt in Frankreich, F im 2^{00}-Stern	–,–

5-003 5 Euro-Cent/ΛΕΠΤΑ

Modernes Tankschiff (als Hinweis auf die heutige Handels- und Schiffahrtsnation Griechenland), mit Wertangabe und Jahreszahl, umgeben vom Sternenlogo.

2002		288.000.000		–,–
	F	18.000.000	geprägt in Frankreich, F im 2^{00}-Stern	–,–

5-004   10 Euro-Cent/ΛΕΠΤΑ

Brustbild des Staatsmannes Rigas Velestinilis-Fereos mit Wertangabe und Jahreszahl, umgeben vom Sternenlogo.

Rigas Velestinilis-Fereos (1757 bis 1798). Rigas – aus Thessalien stammend – war ein bedeutender Dichter, der mit seinen Freiheitsliedern den Wunsch nach Befreiung Griechenlands von der türkischen Herrschaft vorantrieb. Er wurde, nachdem ihn die österreichische Polizei ausgeliefert hatte, von den Türken hingerichtet.

2002		257.000.000		–,–
	F	24.000.000	geprägt in Frankreich, F im 8^{00}-Stern	–,–

5-005   20 Euro-Cent/ΛΕΠΤΑ

Brustbild des Staatsmannes Joannis Kapodistrias mit Wertangabe und Jahreszahl, umgeben vom Sternenlogo.

Joannis Kapodistrias, Graf und griechischer Staatsmann (*11. Februar 1776, ermordet 9. Oktober 1831) unterstützte den Freiheitskampf der Griechen von der Schweiz aus. 1827 wurde er zum Präsidenten gewählt. Seine absolutistische aber erfolgreiche Regierung fand erbitterte Gegner. Aus diesen Reihen kamen auch seine Mörder.

2002		370.000.000		–,–
	E	21.000.000	geprägt in Spanien, E im 8^{00}-Stern	–,–

5-006   50 Euro-Cent/ΛΕΠΤΑ

Brustbild des Staatsmannes Eleftherios Venizelos, mit Wertangabe und Jahreszahl, umgeben vom Sternenlogo.

Als führender Staatsmann (∗ 23. August 1864, † 18. März 1936 in Paris) und Politiker war Eleftherios Venizelos ein Vorkämpfer für die Vereinigung Kretas mit Griechenland. 1917 zwang Venizelos den König Konstantin I. zum Thronverzicht, weil der König im 1. Weltkrieg die Neutralität Griechenlands bewahren wollte, während sich Venizelos bei einer Kriegsbeteiligung auf Seiten der Entente Landgewinn auf Kosten der Türkei versprach. Er unterzeichnete die Friedensverträge von Neuilly und Sèvres, die Griechenland weiteren Territorialbesitz nach dem 1. Weltkrieg einbrachten. Er bekleidete siebenmal das Amt des Premierministers.

2002		145.000.000	–,–
	F	18.000.000	geprägt in Frankreich, F im 8⁰⁰-Stern –,–

5-007   1 Euro/EYPΩ

In der Mitte die antike attische Tetradrachme mit der Eule mit Wertangabe 1 EYPΩ, umgeben vom Sternenlogo mit Jahreszahl, oberhalb der alten Münze das Zeichen der Münzanstalt.

Das attische 4-Drachmen-Stück war die bekannteste Münze der damaligen griechischsprachigen Welt. Der Stadtstaat Athen hatte diese Tetradrachme in den Verkehr gebracht.

2002		118.000.000	–,–
	S	15.000.000	geprägt in Finnland, S im 6⁰⁰-Stern –,–

5-008   2 Euro/ΕΥΡΩ

Im Münzkern Stier mit Europa (ΕΥΡΩΠΗ), mit Wertangabe 2 ΕΥΡΩ, umgeben vom Sternenlogo.

Randinschrift: ΕΛΛΗΝΙΚΗ ΔΗΜΟΚΡΑΤΙΑ (Griechische Demokratie).

Europa, die Tochter des Phönix oder des Königs Agenor von Phönizien, wird von dem in einen Stier verwandelten Zeus nach Kreta entführt. Ein Mosaik aus Sparta, das diese Begebenheit aus der griechischen Mythologie darstellt, diente als Vorlage für dieses Münzbild.

2002	162.000.000		–,–
S	6.000.000	geprägt in Finnland, S im 6^{00}-Stern	–,–

Einzelstücke und lose Sätze

Die griechischen Euro-Kursmünzen werden einzeln – gestaffelt nach Nominal und in Normalprägung – zwischen 0,50 und 6,00 Euro gehandelt. Bei den **Euro-Kursmünzen mit der Sternmarkierung** wird ca. das Dreifache bezahlt.

Loser Satz – komplett	12,–
Loser Satz, mit Kennzeichen im Stern – komplett	40,–

Der Euro-Komplettsatz

Die Münze von Griechenland gab 5.000 Euro-Komplett-Sätze aus. Ein solcher Komplett-Satz enthält alle Euro-Umlaufmünzen der zwölf teilnehmenden EU-Länder und somit (12 Länder à 8 Münzen =) 96 Euro-Umlaufmünzen. Die Euro-Umlaufmünzen sind prägefrisch und einheitlich konfektioniert.

Euro-Komplettsatz mit den Kursmünzen aller zwölf Euro-Länder	5.000	Normalprägung	–,–

Euro-Jahrgangssätze

Neben den für den Geldverkehr bestimmten Euro-Münzen gibt Griechenland auch Euro-Jahrgangssätze für Sammlerzwecke aus.

Diese Euro-Münzsätze werden in den Qualitäten „brillant unzirkuliert" (BU) und/oder in „polierter Platte" (PP) ausgegeben.

Jahrgangssätze in Stgl.

2002	15.000	Stgl.	290,–

Gedenkmünzen in Silber und Gold

(z. Zt. noch im Planungsstadium)

Diese Euro-Gedenkmünzen haben nur in Griechenland die Eigenschaft eines gesetzlichen Zahlungsmittels.

Die technischen Merkmale dieser griechischen Gedenkmünzen sind wie folgt:

Nennwert Euro	Legierung	Gewicht g	Durchmesser mm	Rand
10	Ag			
100	Au			

Für die Olympischen Spiele, die 2004 in Athen stattfinden, wird Griechenland Gedenkmünzen ausgeben.

IRLAND/ÉIRE/IRELAND

Prägestätte

Die Euro-Münzen der Republik Irland werden in Dublin-Sandyford geprägt. Im September 1999 wurde mit der Ausprägung der Euro-Münzen begonnen. Den Anfang machten 128 Mio. Stücke von 1-Euro-Cent-Nominalen.

Künstlerische Gestaltung der Euro-Kursmünzen

Die nationale Seite hat mit einem einheitlichen Motiv der Künstler Jarlath Hayes gestaltet. Er betont das keltische Erbe. Die Harfe ist ein traditionelles Instrument der irischen Musik. Bereits Barden und Druiden bedienten sich ihrer. Seit 1534 wird die Harfe als Symbol auf irischen Münzen verwendet. Die im Dubliner Nationalmuseum aufbewahrte Harfe – aus dem Trinity College stammend und mit dem Fantasienamen Brian-Bórú-Harfe – war Vorbild für diese Darstellung. Diese Harfe stammt aus dem 14. oder 15. Jahrhundert. Auf den Münzen wird der Landesname in der gälisch-keltischen Nationalsprache als Éire wiedergegeben. Die keltische Kultur in Irland war in ihrer Hochblüte unabhängig vom germanischen oder römischen Einfluß.

Prägezahlen

Irland hat die Euro-Münzen für die Erstausstattung in den Jahren 1999 bis 2001 nur mit der Jahreszahl 2002 geprägt.

| Nominal | Geplante Auflage | | | Ist-Produktion | | |
	Start Stücke Mio.	Ersatz Stücke Mio.	Betrag Mio. €	1999 Stücke Mio.	2000 Stücke Mio.	2001 Stücke Mio.
1 Euro-Cent	233,0	464,0	4,64	128,0	147,0	
2 Euro-Cent	158,0	371,0	7,42	–	37,8	
5 Euro-Cent	128,0	327,0	16,35	–	105,1	
10 Euro-Cent	107,0	217,0	21,70	–	49,7	
20 Euro-Cent	124,0	148,0	29,60	–	69,9	
50 Euro-Cent	77,0	66,0	33,00	–	1,0	
1 Euro	99,0	105,0	105,00	–	9,7	
2 Euro	44,0	66,0	132,00	–	–	
total	**970,0**	**1.764,0**	**349,71**	**128,0**	**420,2**	

Euro-Starter-Kits

Irland gab im Zuge der Vorabausstattung (Frontloading) Euro-Münzen ab 14. Dezember 2001 als Haushaltsmischungen – sog. Starter-Kits – an seine Bürger aus. Die Bürger waren so in der Lage, sich mit den neuen Euro-Münzen rechtzeitig vertraut machen zu können. Eine Haushaltsmischung enthält folgende Euro-Münzen:

Stücke	Nominal	Betrag in Euro	IEP
3	1 Euro-Cent	0,03	
1	2 Euro-Cent	0,02	
2	5 Euro-Cent	0,10	
4	10 Euro-Cent	0,40	
4	20 Euro-Cent	0,80	
2	50 Euro-Cent	1,00	
2	1 Euro	2,00	
1	2 Euro	2,00	
total **19**		**6,35**	**5,00**

2002		750.000		45,–

750.000 solcher Starter-Kits wurden zur Verfügung gestellt.

Euro-Kursmünzen

Zu den Preisen im Münzhandel für lose irische Euro-Kursmünzen siehe Seite 144.

6-001 1 Euro-Cent

Irische Harfe, links davon ÉIRE, rechts von ihr Jahreszahl, umgeben vom Sternenlogo.

2002	464.000.000	–,–
2003		–,–

Startauflage zum 1. Jan. 2002: 233,0 Mio. Stück

6-002 2 Euro-Cent

Irische Harfe, ähnlich wie 6-001

2002	371.000.000	–,–
2003		–,–

Startauflage zum 1. Jan. 2002: 158,0 Mio. Stück

6-003   5 Euro-Cent

Irische Harfe, ähnlich wie 6-001

2002	327.000.000	–,–
2003		–,–

Startauflage zum 1. Jan. 2002: 128,0 Mio. Stück

6-004   10 Euro-Cent

Irische Harfe, ähnlich wie 6-001

2002	217.000.000	–,–
2003		–,–

Startauflage zum 1. Jan. 2002: 107,0 Mio. Stück

6-005   20 Euro-Cent

Irische Harfe, ähnlich wie 6-001

2002	148.000.000	–,–
2003		–,–

Startauflage zum 1. Jan. 2002: 124,0 Mio. Stück

6-006   50 Euro-Cent

Irische Harfe, ähnlich wie 6-001

2002	66.000.000	–,–
2003		–,–

Startauflage zum 1. Jan. 2002: 77,0 Mio. Stück

6-007   1 Euro

Irische Harfe, ähnlich wie 6-001

2002	105.000.000	–,–
2003		–,–

Startauflage zum 1. Jan. 2002: 90,0 Mio. Stück

6-008   2 Euro

Irische Harfe, ähnlich wie 6-001

Rand: Eine Gruppe von drei Elementen – die Ziffer „2" und zwei Sterne – in wechselnder Leserichtung – sechsfach wiederholt

2002	66.000.000	–,–
2003		–,–

Startauflage zum 1. Jan. 2002: 44,0 Mio. Stück

Einzelstücke und lose Sätze

Die irischen Euro-Kursmünzen werden einzeln – gestaffelt nach Nominal und in Normalprägung – zwischen 0,50 und 6,00 Euro gehandelt.

Loser Satz – komplett	12,–

Euro-Jahrgangssätze

Neben den für den Geldverkehr bestimmten Euro-Münzen gibt Irland auch Euro-Jahrgangssätze für Sammlerzwecke aus. Der erste Sammler-Satz ist aus dem Jahre 2002.

Diese Euro-Münzsätze werden in den Qualitäten „brillant unzirkuliert" (BU) und/oder in „polierter Platte" (PP) ausgegeben.

Jahrgangssätze in Stgl. / Brillant Uncirculated – BU

2002	20.000	Stgl.	140,–

Gedenkmünzen in Silber und Gold

(z. Zt. noch im Planungsstadium)

Diese Euro-Gedenkmünzen haben nur in Irland die Eigenschaft eines gesetzlichen Zahlungsmittels.

ITALIEN/ITALIA

Prägestätte

Die italienischen Euro-Münzen werden in Rom in der Italienischen Staatsdruckerei und Münze (Istituto Poligrafico e Zecca Dello Stato – IPZS – Sezione Zecca oder la Zecca) geprägt. Die Produktion der Euro-Münzen begann im Mai 1999.

Künstlerische Gestaltung der Euro-Kursmünzen

Die italienischen Euro-Münzen haben acht unterschiedliche nationale Seiten ähnlich wie es bei den österreichischen oder griechischen Euro-Münzen der Fall ist. Die reiche historische, kulturelle und architektonische Geschichte Italiens kommt bei dieser Vielfalt zum Ausdruck.

Auf den nationalen Seiten sind ligiert R I für Repubblica Italiana, R für die Münzstätte Rom sowie die Jahreszahl zu sehen.

Die Entscheidung über das Aussehen der nationalen Seiten trafen die Italiener in einer Fernsehshow. Mehrere von einer Kommission ausgewählte Entwürfe wurden ihnen vorgelegt und sie stimmten per Telefon oder Internet über diese Entwürfe ab.

Prägezahlen

Italien hat in den Jahren 1999 bis 2002 einschließlich die Euro-Münzen für die Erstausstattung durchgängig nur mit der Jahreszahl 2002 geprägt.

In Italien ist offiziell die Euro-Einteilung 1 Euro = 100 Centesimi, abgekürzt cent., zulässig.

Nominal	Geplante Startauflage	
	Stücke Mio.	Betrag Mio. €
1 Euro-Cent	750,0	7,5
2 Euro-Cent	1.100,0	22,0
5 Euro-Cent	1.200,0	60,0
10 Euro-Cent	1.200,0	120,0
20 Euro-Cent	1.500,0	300,0
50 Euro-Cent	900,0	450,0
1 Euro	200,0	200,0
2 Euro	550,0	1.100,0
total	7.400,0	2.259,5

Euro-Starter-Kits

Italien gab im Zuge der Vorabausstattung (Frontloading) Euro-Münzen ab 17. Dezember 2001 als Haushaltsmischungen – sog. Starter-Kits – an seine Bürger aus. Die Bürger waren so in der Lage, sich mit den neuen Euro-Münzen rechtzeitig vertraut machen zu können. Eine solche in Folie verpackte Haushaltsmischung enthält folgende Euro-Münzen:

Stücke	Nominal	Betrag in Euro	ITL
11	1 Euro-Cent	0,11	
10	2 Euro-Cent	0,20	
10	5 Euro-Cent	0,50	
6	10 Euro-Cent	0,60	
5	20 Euro-Cent	1,00	
5	50 Euro-Cent	2,50	
4	1 Euro	4,00	
2	2 Euro	4,00	
total **53**		**12,91**	**25.000**

2002		30.000.000	32,–

Für das Publikum wurden 30 Mio. solcher Starter-Kits hergestellt.

Euro-Kursmünzen

Zu den Preisen im Münzhandel für lose italienische Euro-Kursmünzen siehe Seite 155.

7-001 1 Euro-Cent

Castel del Monte (bei Corato in Apulien), umgeben vom Sternenlogo.

Apulien erlebte besonders unter dem Hohenstauferkaiser Friedrich II. (∗26. Dezember 1194, † 13. Dezember 1250) seine Blüte, wovon dieses Jagdschloß Zeugnis gibt. Dieses zwischen 1240 und 1250 erbaute Kastell hat zwei Stockwerke über achteckigem Grundriß und ist von acht klar gegliederten Türmen flankiert – ein Beispiel für die monumentale Baugesinnung des Stauferkaisers. Entwickelt aus einer einzigen Grundrißform, dem Oktogon, entstand die steinerne Krone Apuliens. Diese oktogonale Architektur ist eine Weiterbildung spätantiker und byzantinischer Vorbilder und mutet als Vorgriff auf die Renaissance an.

Eugenio Driutti hat den Entwurf zu dieser Seite geliefert – Initialen: ED.

2002	750.000.000	–,–
2003		–,–

7-002 2 Euro-Cent

Aussichtsturm Mole Antonelliana in Turin, rechts daneben Jahreszahl, umgeben vom Sternenlogo.

Dieser Aussichtsturm Mole ist das höchste Gebäude (167 m) der Stadt Turin und bestimmt die Stadtsilhouette. Nach mehrfach wechselnden Entwürfen des Architekteningenieurs Alessandro Antonelli (∗1798, † 1888) ist diese Bauwerk aus der Verbindung kühner Ingenieurtechnik und spätklassizistischen Architekturformen entstanden. Zunächst war dieser Kuppelbau als Synagoge gedacht und wurde dreieinhalbmal so hoch wie geplant. Dieses Gebäude beherbergt heute das Italienische Filmmuseum. Mole heißt auf Italienisch großes Gebäude.

Die Künstlerin Luciana De Simoni hat den Entwurf zu dieser Seite geliefert – Initialen: LDS.

2002	1.100.000.000	–,–
2003		–,–

7-003 5 Euro-Cent

Kolosseum, umgeben vom Sternenlogo.

Das Kolosseum, das größte Amphitheater der Antike, ist unter dem römischen Kaiser Vespasianus 75 n. Chr. begonnen und fünf Jahre später unter seinem Sohn und Nachfolger Titus vollendet worden. Dieser elliptische Bau ist nach der noch im Mittelalter vor dem Theater stehenden bronzenen Kolossalstatue des Kaiser Nero benannt worden. Dem Verfall – bedingt durch Erdbeben und Verwendung des Baumaterials für andere Bauten – setzte erst 1744 die Weihe des Kolosseum als Märtyrerstätte Einhalt. Das Kolosseum ist ein Beispiel für die Architektur des römischen Kaiserreiches.

Ettore Lorenzo Frapiccini hat den Entwurf zu dieser Seite geliefert – Initialen: ELF.

2002	1.200.000.000	–,–
2003		–,–

7-004 10 Euro-Cent

Haupt der Venus, umgeben vom Sternenlogo.

Dieses Motiv stellt ein Detail aus dem allegorisch-mythologischen Gemälde die „Geburt der Venus" dar und zeigt das Haupt der Venus. Dieses Bild stammt von dem italienischen Maler Alessandro di Mariano Filipepi, genannt Sandro Botticelli (*1444 oder 1445 in Florenz, †17. Mai 1510 in Florenz). Das Gemälde ist heute in den Uffizien in Florenz zu sehen. Wirklichkeitsnähe und zarte, vergeistigte Schönheit durchdringen sich in seinen Hauptwerken, zu denen dieses Gemälde zählt.

Claudia Momoni hat den Entwurf zu dieser Seite geliefert – Initialen: CM.

2002	1.200.000.000	–,–
2003		–,–

7-005   **20 Euro-Cent**

Skulptur „Forme uniche nella continuità dello spazio", umgeben vom Sternenlogo

Umberto Boccioni (•19. Oktober 1882 in Reggio Calabria, †16. August 1916, im Krieg gefallen an der Alpenfront) war ein Mitbegründer (1910) des italienischen Futurismus und einer seiner einfallsreichsten Wortführer. Er wandte als erster die Theorien der futuristischen Malerei auf die Bildhauerei an und leitete somit die abstrakte Plastik ein. Die abgebildete Skulptur gehört zu seinen Meisterwerken. Boccioni war der begabteste Futurist in der bildenden Kunst.

Die Bronze-Skulptur figuriert unter dem Namen „Einmalige Formen in der Kontinuität des Raumes", steht in der Galleria d'Arte Moderna in Mailand, ist 115 cm groß und stammt aus dem Jahr 1913.

Die Künstlerin Maria Angela Cassol hat den Entwurf zu dieser Seite geliefert – Initialen: MAC.

2002	1.500.000.000	–,–
2003		–,–

7-006   50 Euro-Cent

Reiterstandbild des römischen Kaisers Marcus Aurelius (∗121, Kaiser ab 169, †181) mit der Pflasterung des Kapitols, umgeben vom Sternenlogo.

Michelangelo hatte die Größe der antiken Welt dadurch zum Ausdruck gebracht, daß er auf dem Kapitol einen Platz schuf mit drei monumentalen Gebäuden (Senatorenpalast, Konservatorenpalast und Museum), und in dessen Mitte stellte er die Statue Marcus Aurelius' aus römischer Zeit, das einzige Reiterstandbild der Antike, das vollständig erhalten geblieben ist.

1538 ist das Denkmal auf Betreiben von Papst Paul III. Farnese (1534 – 1549) vom Lateran auf das Kapitol gebracht worden.

Das Kapitol ist der religiöse und politische Mittelpunkt des römischen Reiches gewesen.

Erhalten geblieben ist die Reiterstatue nur deshalb, weil man in ihr ein Bildnis des Kaisers Konstantin des Großen, des Förderers des Christentums, erkennen wollte. Marcus Aurelius gilt als der Philosoph auf dem Kaiserthron.

Diese Verlegung des Standortes war eine Geste von großem politischem Gewicht: Die Statue eines antiken Imperators, dessen Tradition das Papsttum gemäß seinem Selbstverständnis fortführte, kündete auf dem Kapitol als dem traditionellen Zentrum kommunaler Selbstverwaltung von der Macht des päpstlichen Stadtherren. „Mark Aurel mußte umziehen, um den neugestalteten Platz im päpstlichen Namen zu beherrschen, er war der Platzhalter Pauls III., …". Diese Inszenierung des Herrschers zu Pferd haben die Souveräne in ganz Europa immer wieder aufgegriffen: die Statue wurde die „Mutter aller Reiterstandbilder".

Nach dem Abschluß dieser umfassenden Neugestaltung war eine der prominentesten Platzanlagen Europas geschaffen worden.

Roberto Mauri hat den Entwurf zu dieser Seite geliefert – Initiale: M.

2002	900.000.000	–,–
2003		–,–

7-007 1 Euro

Proportionsstudie (Kanon der Proportionen) des menschlichen Körpers („L'Uomo",
„Vitruvianischer Mann" um 1485 – 1490, aufbewahrt in der Akademie in Venedig)
von Leonardo da Vinci (∗15. April 1452 bei Empoli bei Florenz, 2. Mai 1519 im
Schloß Cloux [heute Clos-Lucé] bei Amboise). Diese Studie zeigt die Harmonie zwischen dem Menschen und dem Universum; im Ring das Sternenlogo.

Die Künstlerin Laura Cretara hat den Entwurf zu dieser Seite geliefert – Initialen: CL.

2002	200.000.000	–,–
2003		–,–

7-008   2 Euro

Porträt Dante Alighieris nach links, des größten Dichters Italiens (∗Mai 1265 in Florenz, †14. September 1321 in Ravenna), im Ring das Sternenlogo.

Randinschrift: 2 ☆ € ☆ 2 ☆ € ☆ 2 ☆ € ☆

Die Vorlage für dieses Porträt stammt aus den Stanzen des Vatikans.

Papst Julius II. ließ seine vier Gemächer (= Stanzen) von Raffael neu mit Fresken ausmalen. In einem dieser vier Stanzen wird der Parnaß als Versammlungsort des Schönen und der Poesie (antiker Dichter) unter der Leitung des Musenführers Apolls dargestellt. Links im Rand dieses Freskos ist Dante im Profil wie auf einer Medaille zu sehen.

Die Künstlerin Maria Carmela Colaneri hat den Entwurf zu dieser Seite geliefert – Initialen: MCC.

2002	550.000.000	–,–
2003		–,–

Einzelstücke und lose Sätze

Die italienischen Euro-Kursmünzen werden einzeln – gestaffelt nach Nominal und in Normalprägung – zwischen 0,50 und 6,00 Euro gehandelt.

Loser Satz – komplett	9,–

Euro-Jahrgangssätze

Neben den für den Geldverkehr bestimmten Euro-Münzen gibt Italien auch Euro-Jahrgangssätze für Sammlerzwecke aus

Diese Euro-Münzsätze werden in den Qualitäten „brillant unzirkuliert" (BU) und/oder in „polierter Platte" (PP) ausgegeben.

Jahrgangssätze in Stgl. / Fior di Conio

2002	100.000	Stgl.	–,–
2003		Stgl.	–,–

Jahrgangssätze in PP / Fondo Specchio

2002	10.000	PP	–,–
2003		PP	–,–

Gedenkmünzen in Silber und Gold

(z. Zt. noch im Planungsstadium)

Diese Euro-Gedenkmünzen haben nur in Italien die Eigenschaft eines gesetzlichen Zahlungsmittels.

Die technischen Merkmale der italienischen Euro-Gedenkmünzen sind die folgenden:

Nennwert Euro	Legierung	Gewicht g	Durchmesser mm	Rand
5	Ag925 Cu75	18,0	32,0	
10	Ag925 Cu75	22,0	34,0	
20	Au			
50	Au			

LUXEMBURG/LËTZEBUERG/LUXEMBOURG

Prägestätte

Die Euro-Münzen des Großherzogtums Luxemburg werden in der Koninklijke Nederlandse Munt im niederländischen Utrecht geprägt, deswegen auch der Merkurstab, das Münzzeichen der Münzstätte Utrecht, auf den Münzen. ☿

Die Startauflage der luxemburgischen Euro-Münzen wurde im Jahr 2000 geprägt. Die Münzen der Startauflage haben das Münzdirektorenzeichen Pfeil und Bogen mit Stern. Mit diesem Zeichen sind die unter der Administration von Erik J. van Schouwenburg geprägten Münzen gekennzeichnet. ⤴

In der Vergangenheit hatte die Königliche Münze von Belgien (De Koninklijke Munt van België / La Monnaie Royale de Belgique) in Brüssel die luxemburgischen Münzen geprägt.

Künstlerische Gestaltung der Euro-Kursmünzen

Die nationale Seite hat die Künstlerin Yvette Gastauer-Claire (*1957 in Esch/Alzette bekannt für ihr umfangreiches Œuvre [Plaketten, Skulpturen, Medaillen und Münzen] und internationale Ausstellungen) mit drei verschiedenen Porträtdarstellungen des Großherzogs Henri gestaltet. Der Großherzog und die Regierung hatten zusammen beschlossen, daß sie die luxemburgischen Euro-Seiten entwerfen solle. Luxemburg hat Ende Februar 1999 die Entwürfe der nationalen Münzseiten der Öffentlichkeit vorgestellt.

– Die kleineren Werte (**1-, 2-** und **5-Euro-Cent**-Münzen) zeigen das Porträt in klassischer Form,

– die mittleren Werte (**10-, 20-** und **50-Euro-Cent**-Münzen) zeigen das Porträt in traditioneller Liniearzeichnung,

– die **1-** und **2-Euro**-Stücke porträtieren den Großherzog in einer modernen Linearzeichnung.

Alle Münzen tragen den Landesnamen LËTZEBUERG und die Initialen GC der Künstlerin.

Großherzog Jean war seit 1964 Staatsoberhaupt von Luxemburg. Da nach Artikel 39 der Verfassung dem Großherzog das Prägerecht zusteht, hatte er das alleinige Recht zu entscheiden, welches Bild die nationale luxemburgische Seite der Euro-Münzen zieren wird. Der Großherzog hatte sich entschlossen, daß sein Sohn Henri, der Erbprinz, auf der nationalen Seite darzustellen ist. Im Oktober 2000 dankte Großherzog Jean zu Gunsten seines Sohnes Henri ab.

Die Münzzeichen auf der nationalen Seite des luxemburgischen 50-Euro-Cent-Stückes im Maßstab 2:1.

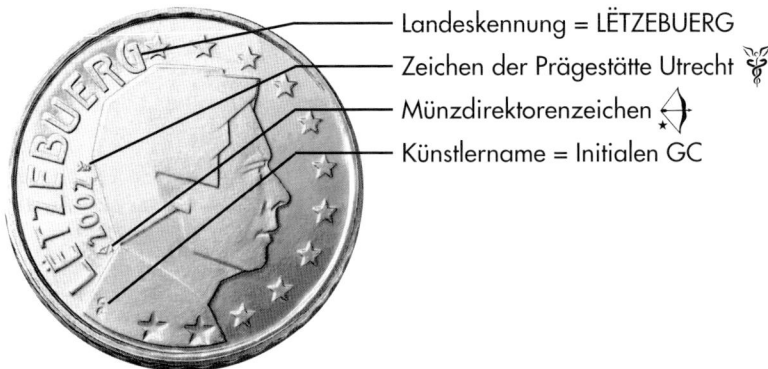

Landeskennung = LËTZEBUERG

Zeichen der Prägestätte Utrecht ⚕

Münzdirektorenzeichen ⟨⊹

Künstlername = Initialen GC

Prägezahlen

Die Euro-Münzen der Startauflage wurden mit der Jahreszahl 2002 geprägt.

Nominal	Startauflage	
	Stücke Mio.	Betrag Mio. €
1 Euro-Cent	20,0	0,2
2 Euro-Cent	20,0	0,4
5 Euro-Cent	20,0	1,0
10 Euro-Cent	20,0	2,0
20 Euro-Cent	10,0	2,0
50 Euro-Cent	10,0	5,0
1 Euro	10,0	10,0
2 Euro	10,0	20,0
total	120,0	40,6

Euro-Starter-Kits

Die Regierung des Großherzogtums gab ab 15. Dezember 2001 eine Haushaltsmischung (Starter-Kits) als Vorabausstattung (Frontloading) aus. Damit hatten die Bürger die Möglichkeit, sich mit dem neuen Geld vorab vertraut zu machen.

Eine solche Haushaltsmischung setzt sich aus folgenden Euro-Münzen zusammen:

Stücke	Nominal	Betrag in Euro	LUF
2	1 Euro-Cent	0,02	
4	2 Euro-Cent	0,08	
4	5 Euro-Cent	0,20	
5	10 Euro-Cent	0,50	
3	20 Euro-Cent	0,60	
4	50 Euro-Cent	2,00	
5	1 Euro	5,00	
2	2 Euro	4,00	
total 29		**12,40**	**500,21**

2002	599.486	25,–

Das Publikum erwarb diese Haushaltsmischung zu genau 500 Luxemburgische Franken (LUF). Von diesen Haushaltsmischungen wurden 599.486 Stück produziert.

Am Prägestandort Stuttgart der Staatlichen Münzen Baden-Württemberg sind diese Haushaltsmischungen konfektioniert worden.

Euro-Kursmünzen

Zu den Preisen im Münzhandel für lose luxemburgische Euro-Kursmünzen siehe Seite 163.

8-001   1 Euro-Cent

Porträt des Großherzogs nach rechts, darunter LËTZEBUERG und Jahreszahl, umgeben von zwölf Sternen.

| 2002 | 20.000.000 | Pfeil und Bogen mit Stern | –,– |

8-002   2 Euro-Cent

Porträt des Großherzogs, ähnlich 8-001

| 2002 | 20.000.000 | Pfeil und Bogen mit Stern | –,– |

8-003   5 Euro-Cent

Porträt des Großherzogs, ähnlich 8-001

| 2002 | 20.000.000 | Pfeil und Bogen mit Stern | –,– |

8-004   10 Euro-Cent

Porträt des Großherzogs nach rechts, links am Rand LËTZEBUERG und Jahreszahl und zwölf Sterne.

| 2002 | 20.000.000 | Pfeil und Bogen mit Stern | –,– |

8-005   20 Euro-Cent

Porträt des Großherzogs, ähnlich 8-004

| 2002 | 10.000.000 | Pfeil und Bogen mit Stern | –,– |

8-006   50 Euro-Cent

Porträt des Großherzogs, ähnlich 8-004

| 2002 | 10.000.000 | Pfeil und Bogen mit Stern | –,– |

8-007   1 Euro

Halbporträt des Großherzogs nach rechts, links davon senkrecht Jahreszahl und LËTZEBUERG, umgeben vom Sternenlogo.

| 2002 | 10.000.000 | Pfeil und Bogen mit Stern | –,– |

8-008   2 Euro

Halbporträt des Großherzogs, ähnlich 8-007

Rand: Eine Gruppe von drei Elementen – die Ziffer „2" und zwei Sterne – in wechselnder Leserichtung – sechsfach wiederholt

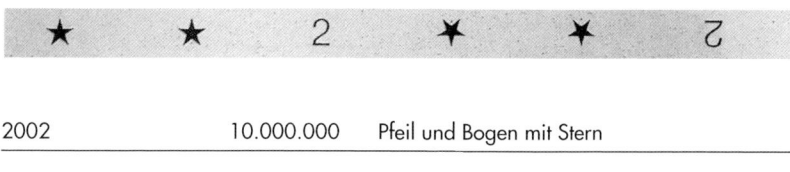

| 2002 | 10.000.000 | Pfeil und Bogen mit Stern | –,– |

Einzelstücke und lose Sätze

Die luxemburgischen Euro-Kursmünzen werden einzeln – gestaffelt nach Nominal und in Normalprägung – zwischen 0,50 und 6,00 Euro gehandelt.

| Loser Satz – komplett | 10,– |

Der Euro-Komplettsatz

Luxemburg gab 1.000 Euro-Komplett-Sätze aus. Ein solcher Komplett-Satz enthält alle Euro-(Umlauf-)Münzen der zwölf teilnehmenden EU-Länder und somit (12 Länder à 8 Münzen =) 96 Euro-(Umlauf-)Münzen. Die Euro-(Umlauf-)Münzen sind prägefrisch (BU), einheitlich konfektioniert und in einem Sammelalbum zusammengestellt verpackt.

| Euro-Komplettsatz mit den Kursmünzen aller zwölf Euro-Länder | 1.000 | Stgl. | 170,– |

Euro-Jahrgangssätze

Neben den für den Geldverkehr bestimmten Münzen gibt das Großherzogtum auch Euro-Jahrgangssätze für Sammlerzwecke aus. Der erste Sammler-Satz ist aus dem Jahre 2002.

Bei den luxemburgischen Euro-Jahrgangssätzen 2002 ist als Besonderheit eine leichte Stempeldrehung (10°) beim 2-Euro-Stück vorgekommen.

Die Euro-Münzsätze werden in den Qualitäten „brillant unzirkuliert" (BU) und/oder in „polierter Platte" (PP) ausgegeben.

Jahrgangssätze in Stgl. / Brillant Universel oder B.U.

2002	40.000	Stgl.	50,–

Jahrgangssätze in PP / Belle Èpreuve oder B.E.

2002	PP	–,–

Gedenkmünzen in Silber und Gold

(z. Zt. noch im Planungsstadium)

Diese Euro-Gedenkmünzen haben nur in Luxemburg die Eigenschaft eines gesetzlichen Zahlungsmittels.

MONACO

Im Fürstentum Monaco galt bis 31. Dezember 1998 die französische Währung. Die währungsmäßigen Verbindungen dieses Fürstentums zu Frankreich beruhten im wesentlichen auf folgenden Regelungen:

- **Ordonnance** monégasque fixant le cours légal et le cours forcé des monnaies et billets, vom 2. Januar 1925,

- **Convention** franco-monégasque relative au contrôle des changes, vom 14. April 1945,

- **Échange de lettres** entre France et Monaco du 18 mai 1963 relatif à la réglementation bancaire dans la Principauté in der geänderten Fassung vom 27. November 1987 durch Échange de lettres.

Die Einführung des Euros erfolgte parallel zu der in Frankreich, d. h. die Euro-Währung galt ab 1. Januar 1999 im Fürstentum.

Mit Art. 1 der **Ordonnance** Nr. 13.827 vom 15. Dezember 1998 hat das Fürstentum den Euro offiziell zum 1. Januar 1999 installiert. Mit dem 1. Januar 2002 sind die Euro-Münzen und -Noten in den Geldumlauf gekommen. Der Französische Franken blieb nach Art. 2 in der Übergangszeit vom 1. Januar 1999 bis zum 31. Juni 2002 gültiges Zahlungsmittel.

Monaco hatte sich keine münzmäßigen Sonderrechte wie die Republik San Marino oder der Staat der Vatikan-Stadt vorbehalten.

Mit der **Währungsvereinbarung** vom 26. Dezember 2001 zwischen der Französischen Republik – im Namen der Europäischen Gemeinschaft handelnd – und dem Fürstentum Monaco erloschen die o. g. Vereinbarung. Die neue Währungsvereinbarung legte für die Euro-Zeit folgendes u. a. fest:

1. Monaco
   verleiht den Euro-Banknoten und -Münzen vom 1. Januar 2002 an den Status eines gesetzlichen Zahlungsmittels.
   darf jährlich ein 500stel der französischen Euro-Mengen als eigene Münzen ausgeben. Die monegassischen Euro-Münzen stimmen in den technischen Parametern und in den künstlerischen Gestaltungsvorgaben mit den allgemeinen Euro-Vorschriften überein. Sammlermünzen dürfen auch ausgegeben werden. Deren Menge fällt unter die o. g. Mengenbegrenzung. Die Euro-Gedenkmünzen haben in der Gemeinschaft nicht den Status eines gesetzlichen Zahlungsmittels.

2. Die Euro-Münzen des Fürstentums werden bei der Monnaie de Paris geprägt.

3. Der Umfang der monegassischen Euro-Münzen wird auf den französischen Umfang der Münzausgabe der Französischen Republik angerechnet. Frankreich verzichtet damit auf die entsprechenden Münzgewinne.

Prägestätte

Die monegassischen Euro-Münzen werden von der Monnaie de Paris geprägt.

Künstlerische Gestaltung der Euro-Kursmünzen

Die Euro-Münzen zeigen vier unterschiedliche nationale Seiten:

Auf den **1-, 2- und 5-Cent-Stücken** befindet sich der Wappenschild der Grimaldi. Die Grimaldi – eine Adelsfamilie aus Genua – waren seit 1458 unbestritten die Herren von Monaco. Den Fürstentitel von Monaco nahmen sie 1614 an. Nach einer wechselvollen Geschichte gab Frankreich 1814 das Gebiet an den Fürsten Honoré IV. zurück. 1918 wurde das Verhältnis zu Frankreich neu geregelt. Den Entwurf zum Wappenschild lieferte die Atelierwerkstatt der Monnaie de Paris.

Die **10-, 20- und 50-Cent-Stücke** zeigen das Siegel der Grimaldi. Den Entwurf dazu lieferte die Atelierwerkstatt der Monnaie de Paris.

Das **1-Euro-Stück** weist das Doppelporträt von Fürst Rainier III. mit dem Erbprinzen Albert auf. Den Entwurf und die Ausführung lieferten Nicolas Cozon und Henri Thiébaud.

Das **2-Euro-Stück** trägt auf der nationalen Seite das Einzelporträt von Fürst Rainier III. Dieser ist seit 1949 Staatsoberhaupt des Fürstentums. Den Entwurf und die Ausführung lieferten Nicolas Cozon und Pierre Javaudin.

Prägezahlen

Monaco darf ein 500stel der französischen Euro-Mengen prägen. Mit der Jahreszahl 2001 sind ca. 4 Mio. Stück monegassischer Euro-Münzen geprägt worden.

Euro-Starter-Kits

Monaco gab im Zuge der Vorabausstattung (Préalimentation) Euro-Münzen ab 14. Dezember 2001 als Haushaltsmischungen – sog. Euro-Packs – an seine Bürger aus. Die Bürger waren so in der Lage, sich mit den neuen Euro-Münzen rechtzeitig vertraut machen zu können.

Eine solche im Plastikbeutel verpackte Haushaltsmischung enthielt folgende Euro-Münzen:

| | | Betrag in | |
Stücke	Nominal	Euro	FRF
6	1 Euro-Cent	0,06	
7	2 Euro-Cent	0,14	
5	5 Euro-Cent	0,25	
4	10 Euro-Cent	0,40	
7	20 Euro-Cent	1,40	
4	50 Euro-Cent	2,00	
3	1 Euro	3,00	
4	2 Euro	8,00	
total **40**		**15,25**	**100,03**

2002	51.000		580,–

An das Publikum wurde ein solcher Euro-Pack zu genau 100,00 französischen Franken (FRF) verkauft. 51.000 solcher Euro-Packs wurden ausgegeben.

Euro-Kursmünzen

Zu den Preisen im Münzhandel für lose monegassische Euro-Kursmünzen siehe Seite 172.

9-001	1 Euro-Cent

In der Mitte das fürstliche Wappen der Grimaldi, umrandet oben von der Aufschrift MONACO und unten von der Jahreszahl zwischen links dem Zeichen der Pariser Münze und rechts dem Zeichen des Graveurs. Die zwölf Sterne: jeweils sechs Sterne an den Seiten links und rechts.

2001	224.000	Hufeisen	–,–
2002			–,–

9-002	2 Euro-Cent

Wappen der Grimaldi, ähnlich 9-001

2001	323.000	Hufeisen	–,–
2002			–,–

9-003   5 Euro-Cent

Wappen der Grimaldi, ähnlich 9-001

2001	392.000	Hufeisen	–,–
2002			–,–

9-004   10 Euro-Cent

In der Mitte das fürstliche Staatssiegel der Grimaldi, umrandet oben von der Aufschrift MONACO und unten von der Jahreszahl zwischen links dem Zeichen der Pariser Münze und rechts dem Zeichen des Graveurs. Die zwölf Sterne: jeweils sechs Sterne an den Seiten links und rechts.

2001	340.000	Hufeisen	–,–
2002			–,–

9-005   20 Euro-Cent

Staatssiegel der Grimaldi, ähnlich 9-004

2001	366.000	Hufeisen	–,–
2002			–,–

9-006   50 Euro-Cent

Staatssiegel der Grimaldi, ähnlich 9-004

2001	300.000	Hufeisen	–,–
2002			–,–

9-007 1 Euro

In der Mitte das nach rechts gerichtete Doppelporträt des Fürsten Rainier III. und des Erbprinzen Albert, umrandet oben von der Aufschrift MONACO und unten von der Jahreszahl zwischen links dem Zeichen der Pariser Münze und rechts dem Zeichen des Graveurs. Die zwölf Sterne: jeweils sechs Sterne an den Seiten links und rechts.

2001	970.000	Hufeisen	–,–
2002			–,–

9-008 2 Euro

In der Mitte das nach rechts gerichtete Porträt des Fürsten Rainier III., umrandet oben von der Aufschrift MONACO und unten von der Jahreszahl zwischen links dem Zeichen der Pariser Münze und rechts dem Zeichen des Graveurs. Die zwölf Sterne: jeweils sechs Sterne an den Seiten links und rechts.

Rand: Eine Gruppe von drei Elementen – die Ziffer „2" und zwei Sterne – in wechselnder Leserichtung – sechsfach wiederholt

2001	899.000	Hufeisen	–,–
2002			–,–

Einzelstücke und lose Sätze

Die monegassischen Euro-Kursmünzen werden einzeln – gestaffelt nach Nominal und in Normalprägung – zwischen 10,00 und 25,00 Euro gehandelt.

Loser Satz – komplett	130,–

Euro-Jahrgangssätze

Das Fürstentum Monaco hat für Sammlerzwecke Euro-Jahrgangssätze ausgegeben. Die Prägung erfolgte durch die Münzprägeanstalt (Hôtel de la Monnaie) von Paris.

Jahrgangssätze in Stgl. / Brillant Universel oder B.U.

2001	20.000	Stgl./BU	850,–

Jahrgangssätze in PP / Belle Èpreuve oder B.E.

NIEDERLANDE/NEDERLANDEN/LES PAYS-BAS
Prägestätte

Die Euro-Münzen des Königreiches der Niederlande werden in De Koninklijke Nederlandse Munt nv. in Utrecht geprägt. Die Prägung der niederländischen Euro-Münzen begann im Dezember 1998. Die Münzen zeigen als Münzzeichen den Merkurstab, vgl. auch die Euro-Münzen Luxemburgs. Der Merkurstab ist aufgrund des Königlichen Beschlusses vom 26. November 1816 zum Münzzeichen der Reichsmünze – Rijks Munt – in Utrecht bestimmt worden. Dieser von zwei Schlangen umringte Heroldstab (caduceus) des römischen Gottes und Götterboten Merkur (griechisch: Hermes) ist seit altersher das Symbol für Handel und Verkehr.

 Merkurstab

Im Jahr 937 hatte der König und spätere Kaiser Otto I., der Große, dem Bischof Baldrich von Utrecht das Münzrecht verliehen. Kaiser Karl V. hatte dieses bischöfliche Münzrecht 1528 in seine (weltliche) Hand zurückgebracht. Das unter Philipp II. 1567 erbaute Münzgebäude kam 1579 unter die Aufsicht der Provinz Utrecht, einer der sieben nördlichen Provinzen, die später die Generalstaaten bildeten. Bis 1806 diente diese Münzstätte der Provinz Utrecht. Unter König Ludwig Napoleon (1806 bis 1810) blieb Utrecht im Zuge der Konzentrierung der Münzstätten der Generalstaaten als am besten eingerichtete Münzstätte übrig. Im 1814 geschaffenen Königreich der Niederlande wurde Utrecht zur Reichsmünzstätte (Rijks Munt). In der langen Geschichte wechselten mehrfach Münzhäuser und deren Standorte, bis für die Münzstätte 1911 der Standort Leidseweg gefunden worden war. Die Umbenennung in „De Koninklijke Nederlandse Munt" erfolgte 1999.

Künstlerische Gestaltung der Euro-Kursmünzen

Die nationalen Seiten hat Bruno Ninaber van Eyben (*1950, er arbeitet als selbständiger Grafiker) gestaltet. Entsprechend der niederländischen Tradition ist eine Münzseite für das Staatsoberhaupt reserviert. Die Bildseite der letzten niederländischen Münzserie hatte auch van Eyben geschaffen. Das neue Porträt der Königin liegt auf der Linie der letzten niederländischen Münzserie. Seit 1980 ist Königin Beatrix Staatsoberhaupt der Niederlande. Bei den 1- und 2-Euro-Werten wird das Porträt der heutigen Münzreihe aus Gründen der Kontinuität beim Übergang auf die neue Währung übernommen. Für die kleineren Nominale ist ein neues Porträt verwendet worden.

Die Münzzeichen auf der nationalen Seite des niederländischen 1-Euro-Stückes im Maßstab 2:1.

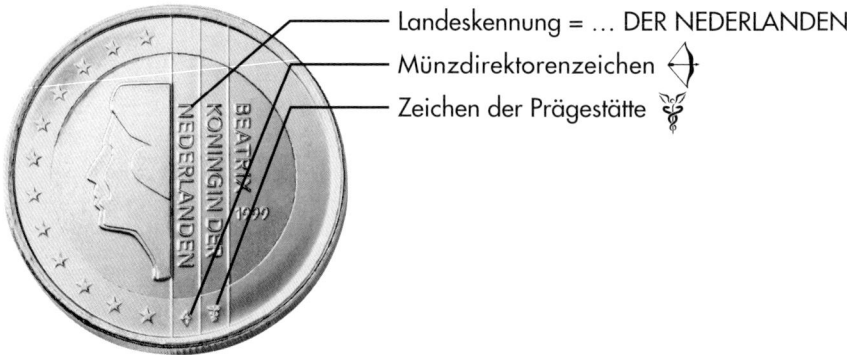

Landeskennung = ... DER NEDERLANDEN

Münzdirektorenzeichen

Zeichen der Prägestätte

Prägezahlen

Wie Belgien, Finnland, Frankreich und Spanien, so haben auch die Niederlande das tatsächliche Jahr der Prägung auf den Euro-Münzen angegeben. Die niederländischen Euro-Münzen beginnen mit der Jahreszahl 1999ff. Bis zur Ausgabe der Euro-Münzen zum 1. Januar 2002 gab es bereits drei Jahrgänge von Euro-Münzen.

Nominal	Stücke Mio. 1999 Ist	Stücke Mio. 2000 Ist	Stücke Mio. 2001 Plan*	Stücke Mio. total
1 Euro-Cent	113,0	211,1	175,9	500,0
2 Euro-Cent	107,5	123,1	169,4	400,0
5 Euro-Cent	242,4	154,8	202,8	600,0
10 Euro-Cent	152,5	203,3	144,2	500,0
20 Euro-Cent	86,9	67,4	65,7	220,0
50 Euro-Cent	113,8	72,8	63,4	250,0
1 Euro	64,1	62,9	43,0	170,0
2 Euro	12,8	50,2	97,0	160,0
total	**893,0**	**945,6**	**961,4**	**2.800,0**

* Die Menge für das Jahr 2001 ist als Differenz errechnet worden.

Insgesamt mußten ca. 3,3 Mrd. Euro-Münzen geprägt werden.

Die Euro-Münzen der Jahrgänge 1999 bis 2002 zeigen drei unterschiedliche Münz-direktorenzeichen:

1999   Pfeil und Bogen

für den Münzdirektor Chris van Draanen,

2000   Pfeil und Bogen mit Stern

für die Administration unter Erik J. van Schouwenburg,

2001 – 2002   halbes Weinblatt und Trauben

für den Münzdirektor Robert Bruens,

ab 2003

für den Münzdirektor Maarten Brouwer.

Die Niederlande haben für die Lagerung der Euro-Münzen und die Zusammenstellung der Standard-Euromünzpakete in Lelystad (in der Nähe von Amsterdam) ein Extra-Gebäude geschaffen, das „Opslag en Distributiecentrum" (ODC). Dieses Gebäude – im Volksmund auch als „Dagobert Duckkluis" genannt – ist zeitlich begrenzt für diesen Zweck angemietet. Die Rücknahme der Gulden- und Cent-Münzen wird auch über dieses Gebäude abgewickelt.

Euro-Starter-Kits

Die Regierung in Den Haag gab ab 14. Dezember 2001 jedem niederländischen Staatsbürger ab sechs Jahren einen Euro-Münzsatz mit den acht Euro-Münzen gratis ab. Damit haben die Bürger die Möglichkeit, sich mit den neuen Euro-Münzen vorab vertraut zu machen.

Dieser Gratis-Satz bestand aus:

Stücke	Nominal	Betrag in Euro	NLG
1	1 Euro-Cent	0,01	
1	2 Euro-Cent	0,02	
1	5 Euro-Cent	0,05	
1	10 Euro-Cent	0,10	
1	20 Euro-Cent	0,20	
1	50 Euro-Cent	0,50	
1	1 Euro	1,00	
1	2 Euro	2,00	
total	**8**	**3,88**	**8,55**

2002	16.000.000	15,–

16 Mio. solcher Gratis-Sätze wurden in Blisterverpackung zur Verfügung gestellt.

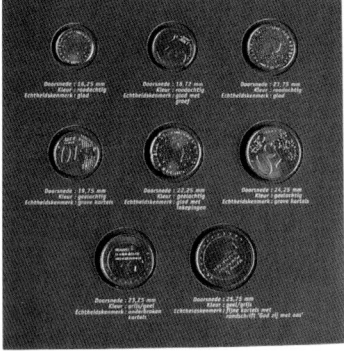

Zusätzlich konnte ein umfangreicheres Konsumenten-Starter-Kit für 25,00 Niederländische Gulden (NLG) erworben werden. 8,8 Mio. solcher Konsumenten-Starter-Kits wurden zusammengestellt.

Stücke	Nominal	Betrag in Euro	NLG
4	1 Euro-Cent	0,04	
3	2 Euro-Cent	0,06	
5	5 Euro-Cent	0,25	
5	10 Euro-Cent	0,50	
5	20 Euro-Cent	1,00	
5	50 Euro-Cent	2,50	
3	1 Euro	3,00	
2	2 Euro	4,00	
total **32**		**11,35**	**25,01**

2002	8.800.000	25,–

Euro-Kursmünzen

Zu den Preisen im Münzhandel für lose niederländische Euro-Kursmünzen siehe Seite 182.

Die volkstümlichen Bezeichnungen der einzelnen Nominale – ermittelt durch einen vom niederländischen Finanzministerium ausgelobten Wettbewerb – sind neben der Nominalbezeichnung angegeben.

Es werden die Stückzahlen mit der jeweiligen Jahreszahl auf der Münze angegeben und nicht die Jahresproduktionszahlen. Für 2001 sind rechnerisch ermittelte Zahlen angegeben. Die Zahlen für 2001 liegen noch nicht vor, da in 2002 noch mit der Jahreszahl 2001 geprägt worden ist.

| **10-001** | **1 Euro-Cent (= een Fluitje)** |

Porträt der Königin Beatrix nach links, umgeben vom Sternenlogo.

Umschrift: BEATRIX KONINGIN DER NEDERLANDEN, darunter Jahreszahl zwischen Münzdirektorenzeichen und Merkurstab.

1999	113.013.600	Pfeil und Bogen	–,–
2000	211.092.200	Pfeil und Bogen mit Stern	–,–
2001	ca. 175.900.000	halbes Weinblatt und Trauben	–,–
2002			–,–
2003			–,–

10-002   2 Euro-Cent (= een Duocent)

Königin Beatrix, ähnlich 10-001

1999	107.524.800	Pfeil und Bogen	–,–
2000	123.088.800	Pfeil und Bogen mit Stern	–,–
2001	ca. 169.400.000	halbes Weinblatt und Trauben	–,–
2002			–,–
2003			–,–

10-003   5 Euro-Cent (= een Handje)

Königin Beatrix, ähnlich 10-001

1999	242.380.800	Pfeil und Bogen	–,–
2000	154.828.800	Pfeil und Bogen mit Stern	–,–
2001	ca. 202.800.000	halbes Weinblatt und Trauben	–,–
2002			–,–
2003			–,–

10-004	10 Euro-Cent (= een Deuppie)

Königin Beatrix, ähnlich 10-001

1999	152.472.320	Pfeil und Bogen	–,–
2000	203.310.080	Pfeil und Bogen mit Stern	–,–
2001	ca. 144.200.000	halbes Weinblatt und Trauben	–,–
2002			–,–
2003			–,–

10-005	20 Euro-Cent (= een Dubbeldeuppie)

Königin Beatrix, ähnlich 10-001

1999	86.871.360	Pfeil und Bogen	–,–
2000	67.368.720	Pfeil und Bogen mit Stern	–,–
2001	ca. 65.700.000	halbes Weinblatt und Trauben	–,–
2002			–,–
2003			–,–

10-006 50 Euro-Cent (= een Halfje)

Königin Beatrix, ähnlich 10-001

1999	113.836.800	Pfeil und Bogen	–,–
2000	72.817.920	Pfeil und Bogen mit Stern	–,–
2001	ca. 63.400.000	halbes Weinblatt und Trauben	–,–
2002			–,–
2003			–,–

10-007 1 Euro (= een Gouwering)

Halbporträt der Königin Beatrix nach links, rechts in drei Spalten BEATRIX/KONIN-GIN DER/NEDERLANDEN, daneben Jahreszahl, im Ring links zwölf Sterne, nicht das Sternenlogo!

1999	64.064.000	Pfeil und Bogen	–,–
2000	62.894.000	Pfeil und Bogen mit Stern	–,–
2001	ca. 43.000.000	halbes Weinblatt und Trauben	3,–
2002			–,–
2003			–,–

10-008   **2 Euro (= een Daalder)**

Halbporträt der Königin, ähnlich wie 10-007

Randinschrift: GOD ☆ ZIJ ☆ MET ☆ ONS ☆

1999	12.848.000	Pfeil und Bogen	15,–
2000	50.232.000	Pfeil und Bogen mit Stern	5,–
2001	ca. 97.000.000	halbes Weinblatt und Trauben	–,–
2002			–,–
2003			–,–

Einzelstücke und lose Sätze

Die niederländischen Euro-Kursmünzen werden einzeln – gestaffelt nach Nominal und Jahrgang in Normalprägung – zwischen 0,50 und 15,00 Euro gehandelt.

Loser Satz – komplett (gemischte Jahrgänge)	12,–

Der Euro-Komplettsatz

Die Königliche Niederländische Münze (Koninklijke Nederlandse Munt) gab 12.000 Euro-Komplett-Sätze aus. Ein solcher Komplett-Satz enthält alle Euro-Umlaufmünzen der zwölf teilnehmenden EU-Länder und somit (12 Länder à 8 Münzen =) 96 Euro-Umlaufmünzen. Die Euro-Umlaufmünzen sind prägefrisch (BU), einheitlich konfektioniert und in einem **Sammelalbum** zusammengestellt verpackt.

Euro-Komplettsatz mit den Kursmünzen aller zwölf Euro-Länder	12.000	Stgl.	170,–

1-Euro-Münzsatz

Die Königliche Niederländische Münze (Koninklijke Nederlandse Munt) gab 12.000 1-Euro-Sätze im Blister aus, d. h. je Blister die zwölf 1-Euro-Stücke der Euro-Länder der EU.

2002	12.000	Stgl.	30,–

Euro-Kollektion im Faltalbum

Für die Euro-Umlaufmünzen hat die Koninklijke Nederlandse Munt ein zweiteiliges Faltalbum mit 96 Ausstanzungen ausgegeben, welche die 96 (= 12 Länder à 8 Münzstücke) Euro-Umlaufmünzen der „Ersten Stunde" aufnehmen.

Faltalbum	12,–

Euro-Ländersätze

Die Niederlande stellen in zwölf Euro-Ländersätzen die jeweiligen acht Euro-Umlaufmünzen der Euro-Länder – in einer **Sammlerkassette** zusammengestellt – vor, wobei die Verpackung für die niederländischen und luxemburgischen Ländersätze verschieden sind.

Euro-Komplettsatz mit den Kursmünzen aller zwölf Euro-Länder	12.000	Normalprägung	180,–

Nationale Euro-Informationssätze

Die Koninklijke Nederlandse Munt nv. hat in Zusammenarbeit mit den anderen Münzanstalten Länder-Euro-Informationssätze ausgegeben.

Luxemburg	5.000	Stgl.	70,–
Griechenland	5.000	PP	70,–
Irland	5.000	PP	70,–
Dänemark	15.000	PP	50,–

Obwohl Dänemark nicht zur Euro-Zone gehört, hat die Koninklijke Nederlandse Munt nv. einen Jahressatz mit niederländischen Euro-Umlaufmünzen ausgegeben mit Hinweisen auf das Land Dänemark.

Euro-Jahrgangssätze

Neben den für den Geldverkehr bestimmten Münzen geben die Niederlande auch Euro-Jahrgangssätze für Sammlerzwecke aus. Nachträglich werden in 2002 mit den Jahreszahlen 1999, 2000 und 2001 Sammler-Jahrgangssätze ausgegeben.

Diese Euro-Münzsätze werden in den Qualitäten „brillant unzirkuliert" (BU) und in „proof-like" ausgegeben. Die Euro-Münzen dieser drei Jahrgänge zeigen, wie bekannt, auch drei unterschiedliche Münzmeisterzeichen.

Jahrgangssätze in Stgl.

Jahr	Motiv	Auflage			Preis
1999	Polder	30.000	Stgl.		28,–
2000	Tulpen	30.000	Stgl.		28,–
2001	Wasser	30.000	Stgl.		28,–
2002		30.000	Stgl.		28,–

Jahrgangssätze in Spiegelglanz / proof-like

Die in der Vergangenheit produzierten Proof-Jahrgangssätze werden nicht mehr weitergeführt. Entsprechend den Absprachen der Münzdirektoren bezüglich einer Standardisierung der Münzqualitäten werden die Sammlermünzen nur noch in zwei Qualitäten hergestellt: in Proof-like und in Brilliant Uncirculated.

Die ersten fünf Proof-like-Sätze mit den Euro-Umlaufmünzen haben als einheitliches Gesamtthema das Metall oder der Werkstoff der Euro-Münzen.

Diese Proof-like-Sätze weisen vier verschiedene Münzmeisterzeichen aus.

1999	Kupferplattierter Werksstoff der 1-, 2- und 5-Cent-Stücke	15.000	Proof-like	55,–
2000	Nordisches Gold der 10-, 20- und 50-Cent-Stücke	15.000	Proof-like	55,–
2001		15.000	Proof-like	55,–
2002		15.000	Proof-like	55,–
2003		15.000	Proof-like	–,–

Für diese fünf Jahrgangssätze gibt es eine eigens gestaltete Sammlerkassette.

Baby-Jahresmünzsätze

Die bereits in der Gulden-Währung geübte Praxis, Baby-Jahresmünzsätze auszugeben, wird mit Euro-Münzen weitergeführt.

2002	BU	20,–

Hochzeit-Jahrgangssatz

Dieser Münzsatz mit den Euro-Umlaufmünzen hat zusätzlich eine Hochzeitsmedaille.

| 2002 | BU | 20,– |

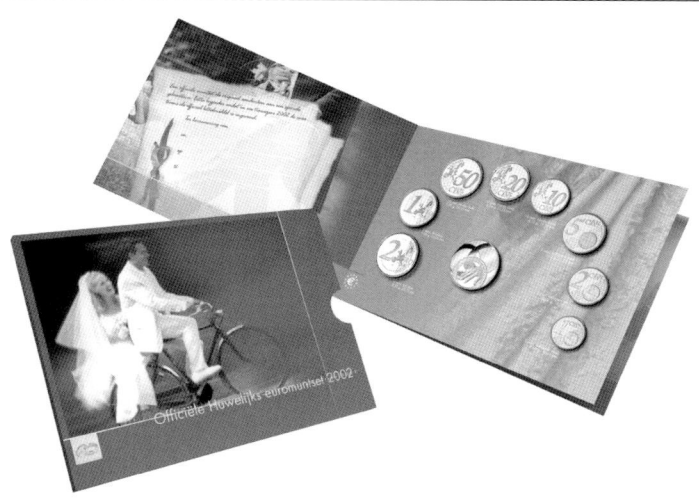

Jahresmünzsatz FdC Euro

Die bis 1999 zurückreichende Reihe der Jahrgangssätze, welche die Produktion der Euro-Münzen mit unterschiedlichen Jahrgangssätzen begleitete und einzelne Euro-Münzen auf der Verpackung darstellte, findet mit diesem Jahrgangssatz ihr Ende. In dem Jahrgangssatz 2002 mit der kompletten Reihe der acht Euro-Umlaufmünzen sind dargestellt die 1-, 2- und 5-Cent-Stücke aus Stahl mit Kupferauflage.

Es ist der einzige Jahrgangssatz in der Qualität FdC.

In den Jahren davor sind **dargestellt** worden, aber mit Guldenmünzen bestückt.
1999   alle acht Euro-Umlaufmünzen
2000   1- und 2-Euro-Stücke (zweifarbig)
2001   20-Cent-Stück („Spanische Blume")

2002	FdC	30,–

Themen-Jahrgangssatz zum Tag der Münze

Es entspricht der Tradition zum Tag der Münze, zu dem die Koninklijke Nederlandse Munt nv. zu einem Tag der Offenen Tür einlädt, ein besonderes Thema zu würdigen.

Die Themen-Sätze der vergangenen Jahre erinnern
1999   an König Wilhelm III. (reg. 1849 – 1890),
2000   an Königin Wilhelmina (reg. 1890/98 – 1948),
2001   an Königin Juliana (reg. 1948 – 1980).

Im Jahr 2002 wird an Königin Beatrix (reg. seit 1980) erinnert.

2002	Königin Beatrix	3.500	BU	30,–

Davon waren bereits die Hälfte auf der Holland Coin Fair (holländische Münzmesse) anfang Februar 2002 ausgegeben worden.

„Guter-Zweck"-Jahrgangssätze (Goede Doelen)

Acht Jahre lang wird jedes Jahr ein „Guter Zweck"-Jahrgangssatz ausgegeben. Für die Aufbewahrung dieses 8er-Satzes gibt es eine Extra-Kassette. Für jeden verkauften Jahrgangssatz wird ein Euro für den jeweiligen Zweck abgeführt.

Die Jahrgänge haben verschiedene Münzdirektorenzeichen.

1999	Klinik-Clowns (de Cliniclowns)	BU	20,–
2000	Naturdenkmäler (Natuurmonumenten)	BU	20,–
2001	Behindertensport (Fonds Sport Gehandicapten)	BU	20,–
2002	Blindenhunde (Geleidenhonden Fonds)	BU	20,–

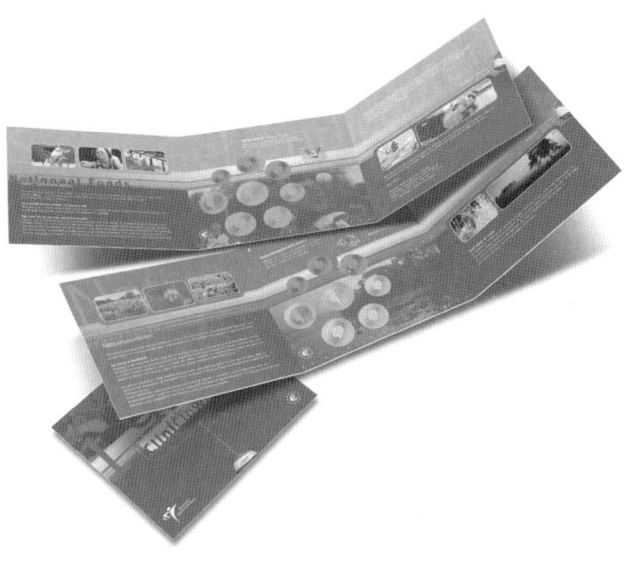

VOC-Serie

Mit einer sechsteiligen Serie von Euro-Jahrgangssätzen erinnern die Niederlande an die Vereinigte Ost-Indische Kompanie (Verenigde Oostindische Compagnie = VOC). Diese Gesellschaft wurde 1602 gegründet und bestand bis 1798. Fast 200 Jahre war die VOC die größte und mächtigste Handelsorganisation der Welt.

Zu jedem Jahrgangssatz gehört eine Silbermedaille mit unterschiedlichem Thema.

Diese Serie der sechs Münzsätze behandelt folgende Themen:

2002	Die Errichtung der VOC	10.000	BU	25,–
2002	Die Schiffe der VOC	10.000	BU	25,–
2002	Die Schiffahrtsrouten der VOC	10.000	BU	25,–
2002	Die Helden der VOC	10.000	BU	25,–
2003	Die Handelswaren der VOC	10.000	BU	
2003	Das Geld der VOC	10.000	BU	

Für diese sechs Jahrgangssätze gibt es eine eigens gestaltete Sammlerkassette.

Gedenkmünzen in Silber und Gold

Diese Euro-Gedenkmünzen haben nur im Königreich der Niederlande die Eigenschaft eines gesetzliches Zahlungsmittels.

Die technischen Merkmale der niederländischen Euro-Gedenkmünzen sind die folgenden:

Nennwert Euro	Legierung	Gewicht g	Durchmesser mm
10	Ag925 Cu75	17,80	33,00
10	Au900 Ag100	6,72	22,50

10-100 · 10 Euro / Silber

Hochzeit des Kronprinzen

Erstausgabetag: 4. Februar 2002

Diese Münze erinnert an die Heirat des Kronprinzen Wilhelm Alexander (Willem-Alexander) und Máxima Zorreguieta aus Argentinien. Die Hochzeit fand am 2. Februar 2002 statt. Die Vorderseite zeigt die Silhouette des Brautpaars. Der Nennwert ist in Worten TIEN EURO angegeben. Die Sonne ist ein Bestandteil des argentinischen Wappens.

Künstler: Hans van Houwelingen

Randinschrift: GOD ☆ ZIJ ☆ MET ☆ ONS ☆

2002	1.000.000	Stgl.	16,–
	130.000	PP	34,–
		im Blister	32,–

Die Normalausführung ist über die Postämter zum Nominalwert in den Geldverkehr gelangt. Die PP-Ausführung wurde in einem Luxus-Etui angeboten.

10-101   10 Euro / Gold

Hochzeit des Kronprinzen

ähnlich 10-100

Künstler:	Hans van Houwelingen
Randinschrift:	GOD ☆ ZIJ ☆ MET ☆ ONS ☆

2002	PP	150,–

Daneben gab es

- einen **Numisbrief:** 10-Euro-Münze in Silber (BU) mit zwei Briefmarken anläßlich dieser Hochzeit.

2002	100.000	Stgl.	30,–

- Die **10-Euro-Stücke in Silber und Gold** in einem Etui

2002	PP	200,–

ÖSTERREICH / AUTRICHE / AUSTRIA

Prägestätte

Die MÜNZE ÖSTERREICH Aktiengesellschaft in Wien prägt die Euro-Münzen für Österreich. Mit der Ausprägung der Euro-Münzen wurde im November 1998 begonnen.

Die erste Wiener Münzstätte ist 1193/94 am Hof des Babenbergers Herzog Leopold V. (†1194) errichtet worden. Die gewaltigen Silbermengen, die in die herzogliche Kasse der Babenberger aus dem Lösegeld für den gefangenen englischen König Richard Löwenherz geflossen waren, sind der Anlaß für die Errichtung gewesen. Nach mehrmaligem Standortwechsel (1397 in der Wollzeile; ab 1752 in der Himmelpfortgasse) wurde ein neues Münzhaus zwischen 1835 und 1837 am Heumarkt erbaut – bis heute Sitz der MÜNZE ÖSTERREICH.

Seit 1715 etwa hat sich der Begriff Hauptmünzamt für die Wiener Münze eingebürgert. Das Wiener Hauptmünzamt wurde 1919 einzige Münzprägestätte der Republik. Für sieben Jahre ging die Münze 1938 in den Besitz des Deutschen Reiches über.

Die Bundesbehörde „Österreichisches Hauptmünzamt" ist am 1. Januar 1989 in die „Münze Österreich Aktiengesellschaft" eingebracht worden. Die Rechte und Pflichten aus dem hoheitlichen Münzregal sind an ein privatrechtlich organisiertes Unternehmen übergegangen.

Exkurs: Scheidemünzengesetz

Dieses Scheidemünzengesetz ist über das Bundesgesetzblatt vom 8. August 2000 novelliert worden. Dieses Bundesgesetz von 2000 – ein Artikelgesetz – regelt die Maßnahmen in Zusammenhang mit der Einführung des Euro-Bargelds (Euro-Banknoten und Euro-Münzen) und paßte das Scheidemünzengesetz 1988 und das Nationalbankgesetz 1984 an das EU-Gemeinschaftsrecht an. Von diesem Bundesgesetz interessieren nur die Ausführungen zum Euro und zur Änderung des Scheidemünzengesetzes 1988. In ihren wesentlichen Auswirkungen werden diese beiden Artikel aufgrund der Euro-Einführung als der dritten Stufe der Wirtschafts- und Währungsunion skizziert.

Art. I Eurogesetz

Danach sind in Österreich gesetzliche Zahlungsmittel

- auf Euro lautenden Banknoten, die die Oesterreichische Nationalbank, die EZB oder die anderen zum Euro-Raum gehörenden Mitgliedsstaaten ausgegeben haben,
- auf Euro und Cent lautenden Münzen, die gemäß Einheitsvorschriften des EG-Vertrags und der entsprechenden Verordnung von der Münze Österreich Aktiengesellschaft oder von anderen zum Euro-Raum gehörenden Mitgliedsstaaten ausgegeben sind,

• auf Euro und Cent lautenden Sammlermünzen, die von der Münze Österreich Aktiengesellschaft ausgegeben wurden.

Mit dem 28. Februar 2002 verloren die auf Schilling lautenden Banknoten und die auf Schilling und Groschen lautenden Scheidemünzen ihre Eigenschaft als gesetzliche Zahlungsmittel.

Art. II Änderung des Scheidemünzengesetzes 1988

Nur die Münze Österreich Aktiengesellschaft ist berechtigt, in Österreich Scheidemünzen und Handelsmünzen zu prägen, in den Verkehr zu bringen und einzuziehen. Handelsmünzen sind keine gesetzlichen Zahlungsmittel. Als Handelsmünzen (sieben Gold- und eine Silbersorte) werden geprägt:

Dukaten (einfach und vierfach),
4- und 8 Gulden,
10, 20 und 100 Kronen und
Maria-Theresia-(Levantiner-)Taler aus Silber.

Scheidemünzen sind

die dem **Gemeinschaftsrecht** entsprechend geprägten Euro- und Cent-Münzen
der Münze Österreich Aktiengesellschaft und
der anderen zum Euro-Raum gehörenden Mitgliedsstaaten sowie
die von der **Münze Österreich Aktiengesellschaft geprägten Sammlermünzen.**

Solche Sammlermünzen sind

• auf Euro oder Cent lautende Gedenkmünzen

• Sonderanfertigungen (Prägequalität [handgehoben und polierte Platte] oder Verpackung)

• auf Euro oder Cent lautende Goldmünzen (Feingehalt $^{999}/_{1000}$) mit einem Feingewicht von einer Troy-Unze oder deren Bruchteil.

Der Begriff Scheidemünzen orientiert sich nicht an der historischen Sicht (Wert der Münze unabhängig vom Edelmetallgehalt, der Nennwert steht in keiner Beziehung zum Warenwert der Münze), sondern an der Auffassung, daß deren Wert allein auf der Autorität des Staates beruht, der den jeweiligen Nennwert den Münzen verliehen hat.

Mit Ausnahme der Sonderanfertigungen müssen die Sammlermünzen die Bezeichnung „REPUBLIK ÖSTERREICH" tragen.

Die außer Kurs gesetzten Scheidemünzen (Schilling- und Groschen-Stücke) können unbefristet nicht nur bei der Oesterreichischen Nationalbank, sondern auch bei der Münze Österreich Aktiengesellschaft gegen gesetzliche Zahlungsmittel, d. h. Euro-Geld umgewechselt werden.

Künstlerische Gestaltung der Euro-Kursmünzen

Die Gestaltung der nationalen Seite hatte der Medailleur Professor Josef Kaiser (∗10. März 1954 in Bac, doziert in Wien an der Hochschule für angewandte Kunst) übernommen. Dieser Entwurf ging u. a. im Zuge eines demoskopischen Tests als Sieger hervor.

Bei der Gestaltung der nationalen Seiten waren drei für Österreich spezifische Themenkreise maßgeblich mit je einem eigenen Motiv je Münze:

– Natur und Alpenblumen

Sie stehen für eine einmalige Naturlandschaft und die alpine Flora. Sie sind als Symbole für die nationale Identität von großer Bedeutung. Sie verweisen auf die erhaltenswerte Natur und sind ein Bekenntnis zu deren Schutz u. a. auch durch die vielen Naturparks in Österreich bestätigt.

1 Euro-Cent	großblütiger **Enzian**
2 Euro-Cent	**Edelweiß**
5 Euro-Cent	**Primel**

– Architektur

Drei Beispiele stehen für österreichische Leistungen und Errungenschaften auf geistigem und kulturellem Gebiet. Drei große Epochen der österreichischen Baukunst werden präsentiert.

10 Euro-Cent – **Gotik**

Der Stephansdom in Wien ist die bekannteste Kirche Österreichs und einer der prägnantesten gotischen Bauten.

20 Euro-Cent – **Barock**

Das Schloß Belvedere – von Prinz Eugen in Auftrag gegeben – ist das Musterbeispiel aus dem Barock. Das Schloß ist auch der Ort des Abschlusses des Staatsvertrags.

50 Euro-Cent – **Jugendstil**

Das Wiener Secessions-Gebäude ist dem Jugendstil – einer von Österreich ausgegangene Stilform – gewidmet. Erinnert wird an den Wahlspruch über dem Portal des Hauses: DER ZEIT IHRE KUNST – DER KUNST IHRE FREIHEIT.

– Bedeutende Persönlichkeiten

Bedeutende **Persönlichkeiten Österreichs** von internationaler Anerkennung. Sie stehen für die Vielzahl von Künstlern und Vordenkern aus Österreich.

1 Euro

Wolfgang Amadeus Mozart, Komponist (∗27. Januar 1756 in Salzburg; †5. Dezember 1791 in Wien).

2 Euro

Bertha von Suttner, Schriftstellerin (∗9. Juni 1843 in Prag; †21. Juni 1914 in Wien), 1905 Auszeichnung mit dem Friedensnobelpreis. Sie war u. a. eine der Wegbereiterinnen zur Gleichberechtigung der Frauen.

ANMERKUNG:

Österreich bringt wie Griechenland auf seinen Euro-Münzen die Wertangabe aus Gründen der Benutzerfreundlichkeit auch auf der nationalen Seite.

Prägezahlen

Österreich hat in den Jahren 1998 bis einschließlich 2002 die Euro-Münzen für die Erstausstattung durchgängig nur mit der Jahreszahl 2002 geprägt.

Nominal	Start-menge Stücke Mio.	Plan Ersatz-menge Stücke Mio.	1998 Stücke Mio.	1999 Stücke Mio.	2000 Stücke Mio.	2001 Stücke Mio.	2002 Stücke Mio.
1 Euro-Cent	379,0	400,0	–	306,6	14,4	58,0	
2 Euro-Cent	216,0	130,0	14,0	69,0	17,8	115,2	
5 Euro-Cent	148,0	135,0	7,7	78,0	30,6	31,7	
10 Euro-Cent	441,0	540,0	–	3,0	339,0	99,0	
20 Euro-Cent	183,0	135,0	–	–	46,9	136,1	
50 Euro-Cent	161,0	200,0	–	–	56,9	104,1	
1 Euro	211,0	260,0	–	–	42,9	168,1	
2 Euro	146,0	200,0	–	–	2,5	143,5	
total	1.885,0	2000,0	21,7	456,6	551,0	855,7	300 – 400

Mengen   Ist-Produktion (= geprägt, verpackt und freigegeben)

Auch Österreich verbietet „… die Herstellung, die Einfuhr und die Verbreitung von Medaillen, die wegen ihrer Ähnlichkeit …" mit den Euro-Münzen „… zur Verwechslung mit diesen geeignet sind. Auf Medaillen darf die Bezeichnung Euro oder Cent(s) in Verbindung mit einer Zahl nicht enthalten sein."

Euro-Starter-Kits

Österreich gab Startpakete ab 15. Dezember 2001 an seine Bürger aus, damit diese sich mit den neuen Euro-Münzen rechtzeitig vertraut machen konnten. Ein solches Startpaket besteht aus:

Stücke	Nominal	Betrag in Euro	ATS
6	1 Euro-Cent	0,06	
4	2 Euro-Cent	0,08	
4	5 Euro-Cent	0,20	
6	10 Euro-Cent	0,60	
3	20 Euro-Cent	0,60	
2	50 Euro-Cent	1,00	
4	1 Euro	4,00	
4	2 Euro	8,00	
total 33		**14,54**	**200,07**

2002	6.000.000	23,–

Ein solches Startpaket wurde in loser Schüttung in einem kleinen Plastikbeutel zu genau 200,00 Österreichische Schilling (ATS) an das Publikum ausgegeben. Die Münze Österreich AG hat über 6,0 Mio. solcher Startpakete zur Verfügung gestellt.

Euro-Kursmünzen

Zu den Preisen im Münzhandel für lose österreichische Euro-Kursmünzen siehe Seite 203.

| **11-001** | **1 Euro-Cent** |

Großblütiger Enzian, darunter das Ausgabejahr und heraldisch dargestellt die österreichischen Landesfarben Rot-Weiß-Rot.

Umschrift: EIN EURO CENT, umgeben vom Sternenlogo.

2002	400.000.000	–,–
2003		–,–

| **11-002** | **2 Euro-Cent** |

Edelweiß, links vom Stiel das Ausgabejahr und heraldisch dargestellt die österreichischen Landesfarben Rot-Weiß-Rot.

Umschrift: ZWEI EURO CENT, umgeben vom Sternenlogo.

2002	216.000.000	–,–
2003		–,–

11-003	5 Euro-Cent

Primel, hinter dem Stengel verlaufend die heraldische Darstellung der österreichischen Landesfarben Rot-Weiß-Rot, rechts vom Stengel das Ausgabejahr, als Umschrift FÜNF EURO CENT, umgeben vom Sternenlogo.

2002	148.000.000	–,–
2003		–,–

11-004	10 Euro-Cent

Ansicht des Turms des Wiener Stephansdoms, rechts das Ausgabejahr, links davon die Wertangabe 10 EURO CENT, darunter die heraldische Darstellung der österreichischen Landesfarben Rot-Weiß-Rot, umgeben vom Sternenlogo.

2002	540.000.000	–,–
2003		–,–

11-005   20 Euro-Cent

Schloß Belvedere in Wien mit seinem Schmiedeeisentor, darunter die Zahl „20", die heraldische Darstellung der österreichischen Landesfarben Rot-Weiß-Rot und das Ausgabejahr; der Schriftzug EURO CENT bildet einen Bogen oberhalb des Tores; umgeben vom Sternenlogo.

2002	183.000.000	–,–
2003		–,–

11-006   50 Euro-Cent

Frontansicht des Ausstellungsgebäudes der Wiener Secession, der Schriftzug 50 EURO CENT, das Ausgabejahr und daneben die heraldische Darstellung der österreichischen Landesfarben Rot-Weiß-Rot bilden einen Bogen oberhalb der Kuppel; umgeben vom Sternenlogo.

2002	200.000.000	–,–
2003		–,–

11-007   **1 Euro**

Brustbild Mozarts nach rechts mit seiner Unterschrift in Schulterhöhe; links das Ausgabejahr, rechts von oben nach unten die Zahl „1", das Wort „EURO" und die heraldische Darstellung der österreichischen Landesfarben Rot-Weiß-Rot, im Ring das Sternenlogo.

2002	260.000.000	–,–
2003		–,–

11-008   **2 Euro**

Brustbild Bertha von Suttners nach links; rechts das Ausgabejahr, links untereinander die Zahl „2", das Wort „EURO" und die heraldische Darstellung der österreichischen Landesfarben Rot-Weiß-Rot, im Ring das Sternenlogo.

Randinschrift: ☆☆☆ 2 EURO ☆☆☆ ОꓤꓵЭ Ɛ ☆☆☆ 2 EURO ☆☆☆ ОꓤꓵЭ Ɛ

2002	200.000.000	–,–
2003		–,–

Einzelstücke und lose Sätze

Die österreichischen Euro-Kursmünzen werden einzeln – gestaffelt nach Nominal und in Normalprägung – zwischen 0,50 und 6,00 Euro gehandelt.

Loser Satz – komplett	9,–

Euro-Jahrgangssätze

Neben den für den Geldverkehr bestimmten Euro-Münzen gibt Österreich auch Euro-Jahrgangssätze für Sammlerzwecke aus.

Diese Euro-Münzsätze werden in den Qualitäten „handgehoben" (BU) und in „polierter Platte" (PP) ausgegeben.

Jahrgangssätze in Stgl. (handgehoben)

2002	100.000	Stgl.	37,–
2003		Stgl.	–,–

Jahrgangssätze in PP

2002	10.000	PP	–,–
2003		PP	–,–

Gedenkmünzen in Silber und Gold

Diese Euro-Gedenkmünzen haben nur in Österreich die Eigenschaft eines gesetzlichen Zahlungsmittels. Österreich prägt die Gedenkmünzen in fünf verschiedenen Nominalen aus.

Die technischen Merkmale dieser österreichischen Gedenkmünzen sind die folgenden:

Nennwert Euro	Legierung	Gewicht g		Durchmesser mm	Rand
5	Ag800 Cu200	10,00	9-eckig	29,00	glatt
10	Ag925 Cu75	17,30		32,00	glatt
20[1]	Ag900 Cu100	20,00		34,00	gerippt
50[2]	Au986 Cu14	10,14		22,00	gerippt
100[3]	Au986 Cu14	16,23		30,00	gerippt

[1] Dieser Wert entspricht den früheren 100-Schilling-Stücken aus Silber.
[2] Dieser Wert entspricht den früheren 500-Schilling-Stücken aus Gold.
[3] Dieser Wert entspricht den früheren 1000-Schilling-Stücken aus Gold.

Aus der Schilling-Zeit werden drei Serien fortgesetzt:

> Österreich im Wandel der Zeit
> 2000 Jahre Christentum
> Kunstschätze Österreichs

Reihe „Österreich im Wandel der Zeit"

Diese Serie besteht aus acht Silbermünzen. Vier davon sind schon während der Schilling-Zeit geprägt worden.

100 Schilling	Kelten	Erstausgabetag: 7. Juni 2000
100 Schilling	Römer	Erstausgabetag: 13. September 2000
100 Schilling	Heiliges Römisches Reich (Deutscher Nation)	Erstausgabetag: 20. Juni 2001
100 Schilling	Mittelalter	Erstausgabetag: 19. September 2001

Diese Reihe wird in der Euro-Währung als 20-Euro-Nominal weitergeführt.

11-100 20 Euro

Neuzeit – Ferdinand I.

Erstausgabetag: 12. Juni 2002

Die Porträtseite zeigt Ferdinand I. (∗10. März 1503 in Spanien; †25. Juli 1564 in Wien). Ferdinand erhielt nach der Erbteilung von seinem Bruder, dem Kaiser Karl V., in dessen Reich die Sonne niemals unterging, die österreichischen Erblande, und wurde dessen Stellvertreter im Reich. Zum römischen König wurde er 1531 gewählt. Die Sicherung Ungarns und die Abwehr der Türken waren u. a. seine Hauptaufgaben. Nachdem Karl V. 1556 zurückgetreten war, wurde Ferdinand in Frankfurt am Main von den Kurfürsten die Kaiserwürde übertragen.

Auf der Wertseite ist das Schweizertor der Wiener Hofburg zu sehen.

Künstler: Wertseite: Herbert Wähner
              Porträtseite: Thomas Pesendorfer

2002	50.000	PP	33,–

11-101   20 Euro

Barock – Prinz Eugen von Savoyen

Erstausgabetag: 11. September 2002

Prinz Eugen von Savoyen (*18. Oktober 1667; †21. April 1736) war nicht nur der größte Feldherr seiner Zeit – in der Abwehr der Franzosen und Türken –, sondern bewies auch als Ratgeber und Vertrauter seiner Kaiser politischen Weitblick, der ihn zu einem der hervorragendsten Staatsmänner Österreichs werden ließ. Als Freund der Kunst und Wissenschaften ließ er sich Schloß Belvedere in Wien erbauen.

Auf der Wertseite ist der barocke Stiegenaufgang des Winterpalais' des Prinzen Eugen von Savoyen in der Himmelpfortgasse (heute Finanzministerium) zu sehen.

Künstler: Wertseite: Andreas Zanaschka
                  Porträtseite: Thomas Pesendorfer

2002	50.000	PP	33,–

11-102   20 Euro (Planung)

Erstausgabetag:

Künstler:

2002	PP	–,–

11-103   20 Euro (Planung)

Erstausgabetag:
Künstler:

2003   PP   –,–

Reihe „2000 Jahre Christentum"

Diese Serie besteht aus vier Goldmünzen. Zwei davon sind schon während der Schilling-Zeit geprägt worden.

    500 Schilling Christi Geburt   Erstausgabetag: 15. März 2000
    500 Schilling Die Bibel   Erstausgabetag: 14. März 2001

Diese Reihe wird in der Euro-Währung als 50-Euro-Nominal weitergeführt.

11-104   50 Euro

Orden und die Welt

Erstausgabetag: 13. März 2002

Der heilige Benedikt von Nursia schuf mit seiner „Regula" ein grundlegendes Regelwerk für das abendländische Mönchstum. In den Ordensgesellschaften der Kirchen zeigt sich am stärksten christliche Spiritualität. Die heilige Scholastika war die Schwester Benedikts. Eine der größten kulturellen Leistungen des abendländischen Mönchstum war die Bewahrung und Vermittlung von Wissen.

Künstler: Helmut Andexlinger

2002   50.000   Stgl. (handgehoben)   160,–

11-105	50 Euro (Planung)

Nächstenliebe

Erstausgabetag:

Künstler:

2002	50.000	Stgl. (handgehoben)	–,–

Reihe „Kunstschätze Österreichs"

Diese Serie besteht aus vier Goldmünzen. Zwei davon sind schon während der Schilling-Zeit geprägt worden.

1000 Schilling Heidentor Carnuntum Erstausgabetag: 22. November 2000
1000 Schilling Buchmalerei Erstausgabetag: 7. November 2001

Diese Reihe wird in der Euro-Währung als 100-Euro-Nominal weitergeführt.

11-106	100 Euro (Planung)

Bildhauerei

Erstausgabetag: 13. November 2002

Georg Donner – ein Bildhauer (*24. Mai 1693; †15. Februar 1741) – hat seinen eigenen Stil am italienischen Vorbildern orientiert entwickelt. Seine Werke stehen u. a. in Wien, Salzburg, Passau und Preßburg. Zu seinen berühmtesten Werken gehört u. a. der Providentia-Brunnen auf dem Neuen Markt in Wien.

Künstler: Wertseite: Thomas Pesendorfer
Porträtseite: Herbert Wähner

2002	30.000	Stgl. (handgehoben)	–,–

11-107	100 Euro (Planung)

Erstausgabetag:
Künstler:

2002	Stgl. (handgehoben)	–,–

Mit diesen acht Münzen sind die aus der Schilling-Zeit kommenden Münzreihen abgeschlossen.

11-108	5 Euro

250 Jahre Tiergarten Schönbrunn

Erstausgabetag: 8. Mai 2002

Der Tiergarten Schönbrunn ist der älteste Zoo der Welt. Die Idee zu diesem Tiergarten hatte Kaiser Franz I. Stephan, der Gemahl Maria Theresias. Auf der Bildseite steht im Mittelpunkt der Kaiserpavillon, das historische Zentrum des Tiergartens.

Die neun Kanten der Münze stehen für die neun Bundesländer. Deren Wappen sind auf der Wertseite dargestellt.

Künstler: Wertseite: Helmut Andexlinger
Bildseite: Herbert Wähner

2002	500.000	Normalprägung	12,–
	100.000	Stgl. (handgehoben), Blister	15,–

Reihe „Schlösser in Österreich"

An die in der Schilling-Zeit abgeschlossene Reihe „Burgen in Österreich" (500-Schilling-Stücke in Silber) schließt sich die Reihe „Schlösser in Österreich" als 10-Euro-Nominal an.

Für die Schlösser-Reihe sind folgende Motive vorgesehen:

2003	Schloß Hof im Marchfeld	Schloß Schönbrunn (Wien)
2004	Schloß Anif bei Salzburg	Schloß Artstetten (Niederösterreich)

11-109	10 Euro

Schloß Ambras nahe Innsbruck

Erstausgabetag: 24. April 2002

Erzherzog Ferdinand II. von Tirol hat diesem Schloß sein heutiges Aussehen gegeben. Dieses Renaissanceschloß diente ihm, dem Kunstsammler und -mäzen, als eine würdige Stätte für seine Sammlerschätze. Der Spanische Saal auf der Rückseite ist einer der schönsten Renaissance-Säle nördlich der Alpen.

Künstler: Wertseite: Andreas Zanaschka
               Bildseite: Herbert Wähner

2002	130.000	Normalprägung	15,–
	20.000	Stgl. (handgehoben), Blister	30,–
	50.000	PP	27,–

11-110 10 Euro

Schloß Eggenberg nahe Graz

Erstausgabetag: 9. Oktober 2002

Dieses Barockschloß in der Steiermark ist auf der Wertseite zu sehen. Der Astronom und Mathematiker Johannes Kepler ist auf der Bildseite dargestellt.

Künstler: Wertseite: Andreas Zanaschka
Bildseite: Thomas Pesendorfer

2002	130.000	Normalprägung	–,–
	20.000	Stgl. (handgehoben)	–,–
	50.000	PP	–,–

Wiener Philharmoniker

Diese Goldanlagemünze (Bullionmünze aus handelsüblich reinem Gold [Au$^{999,9}/_{1000}$] geprägt) werden in Euro-Version weiterproduziert. Diese Goldstücke tragen die Wertangabe 10, 25, 50 und 100 Euro und haben ein Feingewicht von $^1/_{10}$, $^1/_4$, $^1/_2$ und 1 Unze. Der aktuelle Kurs richtet sich aber nach der täglichen internationalen Goldnotierung, da sich der Wert dieser Goldanlagemünze über den Goldgehalt bemißt. Diese Münzen kommen in prägefrischer Qualität (Normalprägung NP) in den Handel.

Die „Wiener Philharmoniker" mit Euro-Nennwert wurden zur „Europäischen Goldmünze" mit der „Europäischen Währung".

Das Aussehen dieser Stücke ist unverändert. Die Wertseite mit Gewichtsangabe in Unzen zeigt die Orgel im Goldenen Saal des Wiener Musikvereins und die andere Seite ausgewählte Instrumente des Orchesters.

Thomas Pesendorfer hat die beiden Seiten dieser Münzen gestaltet.

Nominal Euro	Nominal Schilling	Metall	Durchmesser mm	Gewicht g	Feingewicht	Rand
10	200	Au999,9	16,00	3,121	$^1/_{10}$ Unze	gerippt
25	500	Au999,9	22,00	7,7759	$^1/_4$ Unze	gerippt
50	1000	Au999,9	28,00	15,552	$^1/_2$ Unze	gerippt
100	2000	Au999,9	37,00	31,1035	1 Unze	gerippt

Die technischen Daten sind gegenüber den entsprechenden Schilling-Nominalen unverändert.

11-111 10 Euro

Wiener Philharmoniker

Erstausgabetag: 2. Januar 2002

früher 200-Schilling-Nominal, Erstausgabetag: 12. September 1991

2002	-,-
2003	-,-
2004	-,-
2005	-,-
2006	-,-
2007	-,-
2008	-,-
2009	-,-

11-112   25 Euro

Wiener Philharmoniker

Erstausgabetag: 2. Januar 2002

früher 500-Schilling-Nominal, Erstausgabetag: 10. Oktober 1989

2002	–,–
2003	–,–
2004	–,–
2005	–,–
2006	–,–
2007	–,–
2008	–,–
2009	–,–

11-113   **50 Euro**

Wiener Philharmoniker

Erstausgabetag: 2. Januar 2002

früher 1000-Schilling-Nominal, Erstausgabetag: 5. Oktober 1994

2002	–,–
2003	–,–
2004	–,–
2005	–,–
2006	–,–
2007	–,–
2008	–,–
2009	–,–

11-114   100 Euro

Wiener Philharmoniker

Erstausgabetag: 2. Januar 2002

früher 2000-Schilling-Nominal, Erstausgabetag: 10 Oktober 1989

2002	–,–
2003	–,–
2004	–,–
2005	–,–
2006	–,–
2007	–,–
2008	–,–
2009	–,–

PORTUGAL

Prägestätte

Die Euro-Münzen der Republik Portugal werden in der Imprensa Nacional – Casa da Moeda – INCM – (Nationale Münzprägeanstalt) in Lissabon geprägt.

Künstlerische Gestaltung der Euro-Kursmünzen

Am 16. Februar 1998 sind die nationalen Seiten der portugiesischen Euro-Münzen vorgestellt worden. Der Name Portugal wird je Metallgruppe im Zentrum der Münze um ein Kreuz unterschiedlich wiedergegeben. Der Künstler bringt die nationale Identität zum Ausdruck, indem er die drei königlichen Wortzeichen (Sigel) für Portugal von Dom Afonso Henriques (König Alfons I.) aus der Gründungszeit des Staates darstellt. Dom Afonso Henriques steht für die Geburt Portugals. Er hatte die Trennung Portugals von der kastilischen Oberherrschaft vollzogen, indem er 1143 (Vertrag von Zamora) Portugal dem Schutz des Papstes unterstellte und auf ihn den Lehnseid leistete.

Die sieben Kastelle und fünf Schilde (Quinas) im inneren Kreis sind Elemente aus dem portugiesischen Staatswappen und stehen mit den zwölf Sternen im äußeren Kreis, dem Symbol für das neue Europa, im Dialog. Zwischen den Kastellen und Schilden sind je ein Buchstabe des Wortes PORTUGAL und die Ziffern der Jahreszahl angegeben. Über dem mittleren Wappenschild steht die Abkürzung INCM für die nationale Münzprägeanstalt.

Der Künstler Vítor Manuel Fernandes dos Santos, bekannt für sein umfangreiches Œuvre und internationale Preise, hat die nationalen Seiten der portugiesischen Euro-Münzen gestaltet. Seine Initialen VS sind auf den Münzen vorhanden.

Prägezahlen

Portugal hat in den Jahren 1999 bis 2002 einschließlich die Euro-Münzen für die Erstausstattung durchgängig nur mit der Jahreszahl 2002 geprägt.

Nominal	Geplante Startauflage Stücke Mio.	Betrag Mio. €
1 Euro-Cent	290,0	2,90
2 Euro-Cent	340,0	6,80
5 Euro-Cent	245,0	12,25
10 Euro-Cent	275,0	27,50
20 Euro-Cent	145,0	29,00
50 Euro-Cent	190,0	95,00
1 Euro	85,0	85,00
2 Euro	50,0	100,00
total	**1.620,0**	**358,45**

Euro-Starter-Kits

Portugal gab Startpakete ab 17. Dezember 2001 an seine Bürger aus, damit diese sich mit den neuen Euro-Münzen rechtzeitig vertraut machen konnten. Ein solches Paket besteht aus:

Stücke	Nominal	Betrag in Euro	PTE
5	1 Euro-Cent	0,05	
5	2 Euro-Cent	0,10	
5	5 Euro-Cent	0,25	
6	10 Euro-Cent	0,60	
5	20 Euro-Cent	1,00	
4	50 Euro-Cent	2,00	
2	1 Euro	2,00	
2	2 Euro	4,00	
total 34		10,00	2.004,82

2002	1.000.000		130,–

Für das Publikum standen 1 Mio. dieser Startpakete zur Verfügung. Der Abgabepreis war 2.005 Portugiesische Escudos (PTE).

Euro-Kursmünzen

Zu den Preisen im Münzhandel für lose portugiesische Euro-Kursmünzen siehe Seite 224.

12-001	1 Euro-Cent (Cêntimo/Euro)

Templerkreuz und Wortzeichen (Sigel) PORTUGAL von 1134, im inneren Kreis sieben Kastelle und fünf Schilde, dazwischen die Buchstaben des Wortes PORTUGAL und die Jahreszahl, im äußeren Kreis umgeben vom Sternenlogo

2002	290.000.000	–,–
2003		–,–

12-002	2 Euro-Cent

Wortzeichen von 1134, ähnlich 12-001

2002	340.000.000	–,–
2003		–,–

12-003	5 Euro-Cent

Wortzeichen von 1134, ähnlich 12-001

2002	245.000.000	–,–
2003		–,–

12-004	10 Euro-Cent

Neue Form des Wortzeichen von 1142

2002	275.000.000	–,–
2003		–,–

12-005 20 Euro-Cent

Wortzeichen von 1142, ähnlich 12-004

2002	145.000.000	–,–
2003		–,–

12-006 50 Euro-Cent

Wortzeichen von 1142, ähnlich 12-004

2002	190.000.000	–,–
2003		–,–

12-007   1 Euro

Neue Form des Wortzeichens von 1144

2002	85.000.000	–,–
2003		–,–

12-008   2 Euro

Wortzeichen von 1144, ähnlich 12-007

Randinschrift: Sieben Kastelle und fünf Schilde als Hinweis auf das portugiesische Wappen

2002	50.000.000	–,–
2003		–,–

Einzelstücke und lose Sätze

Die portugiesischen Euro-Kursmünzen werden einzeln – gestaffelt nach Nominal und in Normalprägung – zwischen 0,50 und 6,00 Euro gehandelt.

Loser Satz – komplett	12,–

Numisbrief

Die Post von Portugal hat die ersten Euro-(Umlauf-)Münzen des Landes zusammen mit Briefmarken als Numisbrief ausgegeben.

2002	7.500	250,–

Euro-Jahrgangssätze

Neben den für den Geldverkehr bestimmten Münzen gibt Portugal auch Euro-Jahrgangssätze für Sammlerzwecke aus.

Diese Euro-Münzsätze werden in den Qualitäten „brillant unzirkuliert" (BU) und/oder in „polierter Platte" (PP) ausgegeben.

Jahrgangssätze in Stgl. / Brilhante Não Circulada = BNC

2002	Stgl.	–,–
2003	Stgl.	–,–

Jahrgangssätze in PP

2002	PP	–,–
2003	PP	–,–

Gedenkmünzen in Silber und Gold

(z. Zt. noch im Planungsstadium)

Diese Euro-Gedenkmünzen haben nur in Portugal die Eigenschaft eines gesetzlichen Zahlungsmittels.

SAN MARINO

In San Marino, der ältesten Republik der Welt, galt seit dem 22. März 1862 (Währungsvertrag mit dem damaligen Königreich Italien) die italienische Währung. Langjährige Währungsverträge zwischen Italien und San Marino regelten in der Folgezeit die währungsmäßigen Verbindungen. Diese beruhten in der Neuzeit im wesentlichen auf folgenden zwischenstaatlichen Regelungen zwischen Italien und San Marino:

- **Convenzione di amicizia** e di buon vicinato fra San Marino e l'Italia, vom 31. März 1939,

- **Convenzione monetaria** tra la Repubblica Italiana e la Repubblica di San Marino, vom 21. Dezember 1991,

- **Convenzione in materia di rapporti finanziari** e valutari tra la Repubblica Italiana e la Repubblica di San Marino con atto aggiuntivo corredato da Processo Verbale firmato a Roma, vom 4. März 1994.

Neben der Verpflichtung der Republik San Marino, keine Euro außerhalb der Gemeinschaftsregeln auszugeben, behielt San Marino das Recht, weiterhin auf Scudo (pl. Scudi) lautende Goldmünzen prägen zu lassen (vgl. Art. 4 der Entscheidung des Rates vom 31. Dezember 1998).

Die Einführung des Euro erfolgte parallel zu der in Italien, d. h. die Euro-Währung galt ab 1. Januar 1999 in San Marino.

Mit dem Gesetz vom 16. Dezember 1998 hat San Marino den Euro als Giralgeld offiziell zum 1. Januar 1999 installiert.

Die **Convenzione monetaria** (Währungsvereinbarung) **tra la Repubblica Italiana, per conto Comunità Europea, e la Repubblica di San Marino,** vom 29. November 2000 regelte die Währungsbeziehungen zwischen San Marino und der Europäischen Gemeinschaft. Italien schloß diesen Vertrag im Namen der EU ab.

San Marino hat nach dieser Währungsvereinbarung u. a. das Recht,

- vom 1. Januar 1999 ab den Euro als offizielle Währung zu verwenden und verpflichtet sich, den Euro-Banknoten und -Münzen den Status eines gesetzlichen Zahlungsmittels zu verleihen,

- ab 1. Januar 2002 Euro-Münzen für einen Nennwert von jährlich höchstens 1.944.000 EUR auszugeben, wobei dieser Betrag alle zwei Jahre geändert werden kann. Die praktische Einführung von Euro-Bargeld erfolgte nach gleichem Zeitplan wie in Italien.

- Euro-Sammlermünzen und auf Scudo lautende Goldmünzen auszugeben. Die Euro-Sammlermünzen fallen unter die jährliche Obergrenze des o. g. Nennwertes. Allerdings haben in der Gemeinschaft diese Euro-Sammlermünzen und auf Scudo lautende Goldmünzen nicht den Status eines gesetzlichen Zahlungsmittels.

Der Umfang der Münzausgabe San Marinos wird nennwertmäßig auf den Umfang der Münzenausgabe der Italienischen Republik angerechnet.

Prägestätte

Geprägt werden die sanmarinesischen Euro-Münzen in Rom in der Italienischen Staatsdruckerei und Münze (Istituto Poligrafico e Zecca Dello Stato – IPZS – Sezione Zecca oder la Zecca). Die Euro-Münzen zeigen deswegen das Münzzeichen R für Rom.

Am 22. Mai 2001 begann die Ausprägung der sanmarinesischen Euro-Münzen.

Künstlerische Gestaltung der Euro-Kursmünzen

Die künstlerische Gestaltung der San-Marino-Seite der Euro-Münzen hat der Bildhauer Frantisek Chochola aus Hamburg übernommen, deswegen befindet sich auch auf der nationalen Seite ein ligiertes Ch, das Monogramm dieses Künstlers. Acht traditionelle Motive sind für die sanmarinesischen Seiten verwendet worden.

Euro-Kursmünzen

Den Einstieg in das Euro-Zeitalter machte San Marino mit der Ausgabe von 120.000 Euro-Jahrgangssätzen mit der Jahreszahl 2002. Für den Münzumlauf sind auch Euro-Münzen der Republik San Marino geprägt worden.

Zu den Preisen im Münzhandel für lose sanmarinesische Euro-Kursmünzen siehe Seite 233.

13-001	1 Euro-Cent

Il Montale, einer der drei Festungstürme des Monte Titano, links neben dem Turm die Jahreszahl 2002 und der Buchstabe R für die Münzstätte Rom, rechts davon die Aufschrift SAN MARINO und die ligierten Initialen Ch des Künstlers Frantisek Chochola, rechts unten die Initialen des Graveurs „ELF" und die Abkürzung „INC"; umgeben vom Sternenlogo (zwölf Sterne der Europäischen Union).

(ELF steht für den Graveur Ettore Lorenzo Frapiccini und INC für incidit – lat.: dies hat graviert).

2002	120.000	im Jahrgangssatz prägefrisch	–,–
			–,–
2003			–,–

13-002   **2 Euro-Cent**

Freiheitsstatue – sie steht vor dem Regierungspalast, links neben der Statue die Aufschrift SAN MARINO und das ligierte Namenszeichen Ch des Künstlers Frantisek Chochola, rechts davon die Jahreszahl 2002 und der Buchstabe R für die Münzstätte Rom; rechts unten die Initialen des Graveurs „ELF" und die Abkürzung „INC"; umgeben vom Sternenlogo.

(ELF steht für den Graveur Ettore Lorenzo Frapiccini und INC für incidit – lat.: dies hat graviert).

Diese Freiheitsstatue aus Marmor hat der Bildhauer Stefano Galleti (*1883; †1905) geschaffen.

2002	120.000	im Jahrgangssatz prägefrisch	–,–
			–,–
2003			–,–

13-003   **5 Euro-Cent**

La Guaita, einer der drei Festungstürme des Monte Titano, links neben dem Turm die Jahreszahl 2002, der Buchstabe R für die Münzstätte Rom und die ligierten Initialen Ch des Künstlers Frantisek Chochola, rechts davon die Aufschrift SAN MARINO, umgeben vom Sternenlogo; rechts unten die Initialen des Graveurs „ELF" und die Abkürzung „INC"; umgeben vom Sternenlogo.

(ELF steht für den Graveur Ettore Lorenzo Frapiccini und INC für incidit – lat.: dies hat graviert).

2002	120.000	im Jahrgangssatz prägefrisch	–,–
			–,–
2003			–,–

13-004   10 Euro-Cent

Die 1826 erbaute Basilica del Santo (Basilika des Hl. Marinus), darüber die Aufschrift SAN MARINO und die Jahreszahl 2002, rechts von der Basilika die ligierten Initialen Ch des Künstlers Frantisek Chochola und unterhalb der Basilika der Buchstabe R für die Münzstätte Rom, rechts unten die Initialen des Graveurs „ELF" und die Abkürzung „INC"; umgeben vom Sternenlogo.

(ELF steht für den Graveur Ettore Lorenzo Frapiccini und INC für incidit – lat.: dies hat graviert).

2002	120.000	im Jahrgangssatz prägefrisch	–,–
			–,–
2003			–,–

13-005   20 Euro-Cent

Der Hl. Marinus, Bildhauer und Eremit sowie legendärer Gründer von San Marino; links von ihm die Aufschrift SAN MARINO und die ligierten Initialen Ch des Künstlers Frantisek Chochola; rechts von ihm die Jahreszahl 2002 und der Buchstabe R für die Münzstätte Rom; rechts unten die Initialen des Graveurs „ELF" und die Abkürzung „INC"; umgeben vom Sternenlogo.

(ELF steht für den Graveur Ettore Lorenzo Frapiccini und INC für incidit – lat.: dies hat graviert).

Die Darstellung des Heiligen orientiert sich an einem Gemälde von Guercino.

2002	120.000	im Jahrgangssatz prägefrisch	–,–
	120.000		20,–
2003			–,–

13-006   50 Euro-Cent

Die drei Festungstürme „La Guaita", „La Cesta" und „Il Montale" auf dem Monte Titano; oben die Jahreszahl 2002, die Aufschrift SAN MARINO, der Buchstabe R für die Münzstätte Rom und die ligierten Initialen Ch des Künstlers Frantisek Chochola; rechts unten die Initialen des Graveurs „ELF" und die Abkürzung „INC"; umgeben vom Sternenlogo.

(ELF steht für den Graveur Ettore Lorenzo Frapiccini und INC für incidit – lat.: dies hat graviert).

2002	120.000	im Jahrgangssatz prägefrisch	–,–
	120.000		20,–
2003			–,–

13-007   1 Euro

Staatswappen von San Marino, darunter die Aufschrift SAN MARINO und die ligierten Initialen Ch des Künstlers Frantisek Chochola; oben die Jahreszahl 2002 und der Buchstabe R für die Münzstätte Rom; im Ring das Sternenlogo. Rechts unten die Initialen des Graveurs „ELF" und die Abkürzung „INC"; umgeben vom Sternenlogo.

(ELF steht für den Graveur Ettore Lorenzo Frapiccini und INC für incidit – lat.: dies hat graviert).

2002	120.000	im Jahrgangssatz prägefrisch	–,–
	120.000		20,–
2003			–,–

13-008   **2 Euro**

Der aus dem 19. Jahrhundert stammende Regierungspalast (Domus Magna Communis), links von ihm die Jahreszahl 2002 und der Buchstabe R für die Münzstätte Rom, rechts die Aufschrift SAN MARINO und die beiden ligierten Initialen des Künstlers; rechts unten die Initialen des Graveurs „ELF" und die Abkürzung „INC"; im Ring das Sternenlogo.

(ELF steht für den Graveur Ettore Lorenzo Frapiccini und INC für incidit – lat.: dies hat graviert).

Rand: Eine Gruppe von drei Elementen – die Ziffer „2" und zwei Sterne – in wechselnder Leserichtung – sechsfach wiederholt

★   ★   2   ✦   ✦   ⵎ

2002	120.000	im Jahrgangssatz prägefrisch	–,–
	120.000		20,–
2003			–,–

Einzelstücke und lose Sätze

Die sanmarinesischen Euro-Kursmünzen werden einzeln in Normalprägung bei ca. 20,00 Euro gehandelt.

Loser Satz – komplett	180,–

Euro-Jahrgangssätze

San Marino hat für Sammlerzwecke Euro-Jahrgangssätze geprägt.

Jahrgangssätze in Stgl. / Fior di Conio

2002	120.000	Stgl.	240,–
2003		Stgl.	–,–

Touristensatz in Stgl.

2002	unbekannt	Stgl.	–,–

Gedenkmünzen in Silber und Gold

(z. Zt. noch im Planungsstadium)

Diese Euro-Gedenkmünzen haben nur in San Marino die Eigenschaft eines gesetzlichen Zahlungsmittels. Die technischen Parameter sind die gleichen wie bei den italienischen Gedenkmünzen.

Die technischen Merkmale der sanmarinesischen Euro-Gedenkmünzen sind die folgenden:

Nennwert Euro	Metall / Legierung	Gewicht g	Durchmesser mm
5	Ag925 Cu75	18,0	32,0
10	Ag925 Cu75	22,0	34,0
20	Au		
50	Au		

13-100	5 Euro

Benvenuto Euro / Willkommen Euro

Erstausgabetag: 11. Oktober 2002

San Marino feiert mit dieser und der folgenden Münze (vgl. Nr. 13-101) den Beginn des Euro-Bargeldumlaufes. Die zwölf Rosen stehen für die zwölf Länder der Euro-Zone.

Künstler: Uliana Pernazza

2002	37.000	PP	25,–

13-101 | 10 Euro

Benvenuto Euro / Willkommen Euro

Erstausgabetag: 11. Oktober 2002

San Marino feiert mit dieser und der vorherigen Münze (vgl. Nr. 13-100) den Beginn des Euro-Bargeldumlaufs.

Künstler: Uliana Pernazza

2002	37.000	PP	35,–

13-102 | 20 Euro (Planung)

N.N.

Erstausgabetag: 2002

Die …

Rand:

Künstler:

2002	PP	–,–

13-103　　　　　　　　50 Euro (Planung)

Olympische Spiele in Athen

Erstausgabetag: November 2002

Die …

Rand:

Künstler:

| 2002 | PP | –,– |

SPANIEN / ESPAÑA

Prägestätte

Die Euro-Münzen Spaniens werden in der Fábrica Nacional de Moneda y Timbre (FNMT) in Madrid geprägt.

Künstlerische Gestaltung der Euro-Kursmünzen

Am 2. März 1998 hat der spanische Premierminister Aznar der Öffentlichkeit die nationalen Seiten der spanischen Euro-Münzen vorgestellt. Ähnlich wie Deutschland oder Frankreich hat auch Spanien je Metallgruppe ein Motiv gewählt.

Die **1-, 2-** und **5-Euro-Cent**-Stücke zeigen die Kathedrale des Hl. Jakobus in Santiago de Compostela. Diese Kirche steht über dem Grab des Apostels Jakobus d. Ä., dem Schutzpatron Spaniens, und ist einer der berühmtesten abendländischen Wallfahrtsorte. Trotz starker spätbarocker Umgestaltungen ist diese Kirche das hervorragendste Denkmal frühromanischer Bauweise. Der Künstler Garcilaso Rollán hat die barocke Fassade der Kathedrale, deren Grundsteinlegung 1060 erfolgte, auf den drei Nominalen wiedergegeben.

Die **10-, 20-** und **50-Euro-Cent**-Stücke zeigen das Porträt des weltberühmten spanischen Nationaldichters Miguel de Cervantes (getauft 1. Oktober 1547, † 23. April 1616 in Madrid). Er führte ein wechselvolles Leben. Sein bekanntestes Meisterwerk ist „Don Quijote de la Mancha". Den Entwurf zu diesen Münzen lieferte die Künstlerin Begoña Castellanos García.

Die **1-** und **2-Euro**-Stücke zeigen das Porträt von König Juan Carlos I. (*5. Januar 1938 in Rom). Juan Carlos ist spanisches Staatsoberhaupt seit 1975. Luis José Díaz Salas hat den Entwurf für diese Stücke geschaffen.

Alle Münzen zeigen ein bekröntes M – M̂ – als Hinweis auf die Münzstätte Madrid.

Prägezahlen

Spanien zeigt auf den Euro-Münzen wie Belgien, Finnland, Frankreich und die Niederlande das jeweilige Produktionsjahr, in dem diese Münzen geprägt wurden. Die spanischen Euro-Münzen beginnen mit den Jahreszahlen 1999, 2000 und 2001.

Nominal	Geplante Startauflage			
	1999 Stücke Mio. Ist	2000 Stücke Mio. Ist	2001* Stücke Mio. Ist	1999–2001 Stücke Mio.
1 Euro-Cent	716,4	70,5	79,5	866,4
2 Euro-Cent	114,7	819,3	417,7	1.351,7
5 Euro-Cent	378,2	472,2	233,8	1.084,2
10 Euro-Cent	485,0	281,4	116,5	882,9
20 Euro-Cent	691,5	77,5	108,5	877,5
50 Euro-Cent	79,0	773,1	343,9	1.196,0
1 Euro	x	132,5	284,6	417,1
2 Euro	x	65,1	133,6	198,7
total	>2.464,8	2.691,6	1.718,1	6.874,5

x = nicht bekannt
* bis 16. November 2001 geprägte Stückzahlen

Euro-Starter-Kits

Spanien gab ab 15. Dezember 2001 Starter-Kits an seine Bürger aus, damit diese sich mit den neuen Euro-Münzen rechtzeitig vertraut machen konnten. Ein solcher Satz – in einem Plastikbeutel abgegeben – enthält:

Stücke	Nominal	Betrag in Euro	ESP
4	1 Euro-Cent	0,04	
9	2 Euro-Cent	0,18	
6	5 Euro-Cent	0,30	
6	10 Euro-Cent	0,60	
7	20 Euro-Cent	1,40	
7	50 Euro-Cent	3,50	
2	1 Euro	2,00	
2	2 Euro	4,00	
total **43**		**12,02**	**1.999,96**

2002	23.000.000		28,–

Das Publikum erwarb ein solches Starter-Kit für 2.000 Pesetas (ESP). Es wurden etwa 23 Mio. solcher Starter-Kits zur Verfügung gestellt.

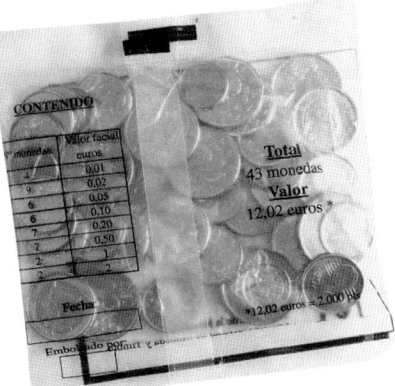

Euro-Kursmünzen

Zu den Preisen im Münzhandel für lose spanische Euro-Kursmünzen siehe Seite 246.

14-001	1 Euro-Cent

Fassade der Kathedrale von Santiago de Compostela, zwischen den Türmen die Jahreszahl, daneben ESPAÑA, umgeben vom Sternenlogo.

1999	716.494.385	–,–
2000	70.473.000	–,–
2001	79.541.000	–,–
2002		–,–

14-002	2 Euro-Cent

ähnlich 14-001

1999	114.704.000	–,–
2000	819.290.000	–,–
2001	417.701.000	–,–
2002		–,–

14-003   5 Euro-Cent

ähnlich 14-001

1999	378.191.385	–,–
2000	472.195.000	–,–
2001	233.820.500	–,–
2002		–,–

14-004   10 Euro-Cent

Porträt des Schriftstellers Cervantes, sein Name, Jahreszahl, ESPAÑA, umgeben vom Sternenlogo.

1999	484.985.385	–,–
2000	281.491.000	–,–
2001	116.468.000	–,–
2002		–,–

14-005　　　　20 Euro-Cent

ähnlich 14-004

1999	691.458.385	–,–
2000	77.452.000	–,–
2001	108.525.000	–,–
2002		–,–

14-006　　　　50 Euro-Cent

ähnlich 14-004

1999	78.974.000	–,–
2000	773.124.000	–,–
2001	343.882.500	–,–
2002		–,–

14-007 1 Euro

Kopfbild von König Juan Carlos nach links, davor ESPAÑA, darunter bekröntes M für die Prägestätte Madrid, im Ring das Sternenlogo mit Jahreszahl.

1999	nicht bekannt	–,–
2000	132.474.000	–,–
2001	284.551.500	–,–
2002		–,–

14-008 2 Euro

ähnlich 14-007

Rand: Eine Gruppe von drei Elementen – die Ziffer „2" und zwei Sterne – in wechselnder Leserichtung – sechsfach wiederholt

★　　★　　2　　★　　★　　Z

1999	nicht bekannt	–,–
2000	65.098.000	–,–
2001	133.623.500	–,–
2002		–,–

Einzelstücke und lose Sätze

Die spanischen Euro-Kursmünzen werden einzeln – gestaffelt nach Nominal und in Normalprägung – zwischen 0,50 und 6,00 Euro gehandelt.

Loser Satz – komplett (gemischte Jahrgänge)	9,–

Euro-Jahrgangssätze

Neben den für den Geldverkehr bestimmten Münzen gibt Spanien auch Euro-Jahrgangssätze für Sammlerzwecke aus.

Diese Euro-Münzsätze werden in den Qualitäten „brillant unzirkuliert" (BU) und/oder in „polierter Platte" (PP) ausgegeben.

Jahrgangssätze in BU / Flor de Cuño

1999	50.000	BU	30,–
2000	50.000	BU	30,–
2001	50.000	BU	30,–
2002	100.000	BU	25,–

Jahrgangssätze in PP / Fondo Espejo

1999	PP	–,–
2000	PP	–,–
2001	PP	–,–
2002	PP	–,–

Gedenkmünzen in Silber und Gold

Diese Euro-Gedenkmünzen haben nur in Spanien die Eigenschaft eines gesetzlichen Zahlungsmittels.

Die technischen Merkmale der spanischen Euro-Gedenkmünzen sind die folgenden:

Nennwert Euro	Metall / Legierung	Gewicht g	Durchmesser mm	Rand
10	Ag925 Cu75	27,0	40,0	geriffelt
12	Ag925 Cu75	18,0	33,0	glatt
50	Ag925 Cu75	168,75	73,0	geriffelt
200	Au999,9	13,5	30,0	geriffelt
400	Au999,9	27,0	38,0	geriffelt

14-100   12 Euro

EU-Präsidentschaft

Erstausgabetag: 16. April 2002

Das Königreich Spanien erinnert an die EU-Ratspräsidentschaft im 1. Halbjahr 2002. Die Wertseite zeigt das Emblem der spanischen EU-Ratspräsidentschaft.

Künstler:

2002	Stgl. (in Folie eingeschweißt)	20,–

14-101 10 Euro

EU-Präsidentschaft

Erstausgabetag: Juni 2002

Das Königreich Spanien hatte im 1. Halbjahr 2002 die EU-Ratspräsidentschaft inne.

Die Wertseite zeigt das Emblem der spanischen EU-Ratspräsidentschaft und die EU-Länder in der Europa-Landkarte.

Künstler:

2002	30.000	PP	42,–

14-102　　　　　　　　　10 Euro

Olympische Winterspiele in Salt Lake City (USA)

Erstausgabetag:　Juni 2002

Spanien erinnert mit einem Ski-Langläufer an die Winter-Olympiade in Salt Lake City.

Künstler:

2002	30.000	PP		45,–

14-103   **10 Euro**

Stürmer XVII. Fußballweltmeisterschaft 2002 in Japan und Korea

Erstausgabetag: Juni 2002

Auf der Wertseite ist ein Fußball vor einem Tornetz abgebildet.

Die andere Seite gibt u. a. den Großbuchstaben **O** wider.

Künstler:

2002	25.000	PP	40,–

14-104   10 Euro

Torwart XVII. Fußballweltmeisterschaft 2002 in Japan und Korea

Erstausgabetag: Juni 2002

Auf der Wertseite ist ein Torwarthandschuh vor einem Tornetz abgebildet.

Die andere Seite gibt u. a. den Großbuchstaben **L** wider.

Künstler:

2002	25.000	PP		40,–

14-105   200 Euro / Gold

XVII. Fußballweltmeisterschaft 2002 in Japan und Korea

Erstausgabetag: Juni 2002

Auf der Wertseite ist ein Fußballschuh vor einem Tornetz abgebildet.

Die andere Seite gibt u. a. den Großbuchstaben **G** wider.

Künstler:

2002	4.000	PP	450,–

Die jeweils überdimensionierten Großbuchstaben je Münze ergeben das Wort GOL = Tor.

14-106   10 Euro

200 Jahre Menorca bei Spanien

Erstausgabetag:

Menorca ist die zweitgrößte Insel der Balearen. Nach der Eroberung der Insel durch Alfons III. von Aragón besiedelten Katalanen die Insel. Im Utrechter Frieden (1713) wurde die Insel britischer Besitz, bis sie 1802 wieder spanisch wurde.

Künstler:

| 2002 | 30.000 | PP | –,– |

Mit den folgenden fünf Münzen erinnert Spanien an den 150. Geburtstag von **Antonio Gaudí y Cornet** (∗25. Juni 1852; † 10. Juni 1926).

Dieser spanische Architekt schuf mit dem neukatalanischen Baustil eine eigenwillige spanische Parallele zum mitteleuropäischen Jugendstil. Sein bekanntestes (noch unvollendetes) Werk ist die Kathedrale „Sagrada Familia" in Barcelona.

14-107	10 Euro

Casa Milá

Erstausgabetag:

Dieses Gebäude erinnert mit seinen unregelmäßig geschwungenen Außenmauern an Sanddünen in der Wüste. Da es damals (1905 bis 1910 erbaut) als zu futuristisch empfunden worden ist, erhielt es den Spitznamen „La Pedrera" = Steinbruch. Heute gilt es als ein Meilenstein in der Geschichte der modernen Architektur. 1984 hat die UNESCO dieses Gebäude zum Weltkulturerbe erklärt.

Künstler:

2002	25.000	PP	50,–

14-108   10 Euro

Park Güell in Barcelona

Erstausgabetag:

Gaudí schuf 1900 bis 1914 ein faszinierendes Szenarium von Gärten und überdimensionalen architektonischen Formen, die aus der Erde zu wachsen scheinen.

Künstler:

2002	25.000	PP	50,–

14-109   10 Euro

El Capricho in der Nähe von Santander

Erstausgabetag:

Mit diesem Gebäude, einem Landhaus, begann Gaudí 1883 zu bauen. Auftraggeber war der exzentrische Maximo Diaz de Quijano. Die Leitung der Bauarbeiten hatte der ortsansässige Architekt Cristobal Cascante übertragen bekommen. Gaudí selbst war nie vor Ort. Viele Elemente seiner späteren Bauwerke zeigen sich bereits hier.

Künstler:

| 2002 | 25.000 | PP | 50,– |

14-110 50 Euro

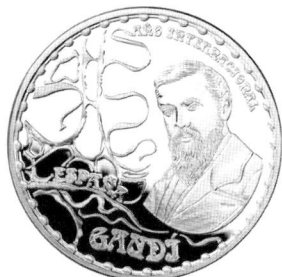 

Abbildung 50% des Originaldurchmessers

Sagrada Familia in Barcelona

Erstausgabetag:

Die Grundsteinlegung fand 1883 statt. Der „Sagrada Familia", einer großen Kathedrale von gotischer Bauweise inspiriert und dennoch ein Wahrzeichen moderner Architektur, widmete Gaudí seine ganze Kraft. Bis heute blieb dieses gigantische Werk unvollendet.

Künstler:

2002	8.000	PP	150,–

14-111   **400 Euro**

Casa Battló in Barcelona

Erstausgabetag:

An diesem Haus gibt es kaum Kanten und gerade Wände, selbst Türen und Schränke sind in geschwungenen Formen ausgeführt. Im Inneren des Gebäudes krümmt und schlängelt sich alles. Das Haus wurde im Auftrag eines Textilindustriellen entworfen.

Künstler:

2002	3.000	PP	800,–

VATIKAN

Im Staat der Vatikan-Stadt galt die italienische Währung. Gemäß den

* **Lateran-Verträgen** zwischen dem Heiligen Stuhl und Italien, vom 11. Februar 1929, und der

* **Convenzione monetaria** tra la Repubblica Italiana e lo Stato della Città del Vaticano, vom 3. Dezember 1991,

durfte der Vatikan Lire-Münzen in eigener Regie prägen.

Neben der Verpflichtung des Heiligen Stuhles, keine Euros außerhalb der Gemeinschaftsregeln auszugeben, hat der Vatikan das Recht, Sammlermünzen auszugeben (vgl. Art. 4 der Entscheidung des Rates vom 31. Dezember 1998).

Gemäß dieser Entscheidung des Rates der EU führte Italien mit dem Vatikan-Staat die entsprechenden bilateralen Verhandlungen u.a. mit dem Ziel, daß der Vatikan u. a. keine Münzen ausgibt, außer wenn die Ausgabemodalitäten mit der EU abgestimmt sind.

* Mit der **Währungsvereinbarung** zwischen der Italienischen Republik – im Namen der Europäischen Gemeinschaft – und dem Vatikan-Staat vom 29. Dezember 2000 erlosch die o. g. Vereinbarung vom 3. Dezember 1991. Die neue Währungsvereinbarung legte für die Euro-Zeit folgendes fest:

Der Vatikan-Staat

verleiht den Euro-Banknoten und -Münzen vom 1. Januar 2002 an den Status eines gesetzlichen Zahlungsmittels,

verpflichtet sich, seine auf Lire lautenden Münzen nach dem gleichen Zeitplan wie Italien aus dem Verkehr zu ziehen,

darf jährlich bis 670.000 EUR Nennwert eigene Münzen ausgeben. Die Euro-Münzen des Vatikan stimmen in den technischen Parametern und in den künstlerischen Gestaltungsvorgaben mit den allgemeinen Euro-Vorschriften überein. Sammlermünzen dürfen auch ausgegeben werden. Deren Menge fällt unter diese Nennwertgrenze. Die Euro-Sammlermünzen haben in der Gemeinschaft nicht den Status eines gesetzlichen Zahlungsmittels.

Die Euro-Münzen des Vatikan werden in der italienischen Staatsdruckerei und Münzprägeanstalt hergestellt.

Der Umfang der Euro-Münzen des Vatikan wird auf den Umfang der Münzausgabe der Italienischen Republik angerechnet. Italien verzichtet damit auf die entsprechenden Münzgewinne.

Besonderheiten der Euro-Währungsvereinbarung

Sedisvakanz: Bei Sedisvakanz (Zeitraum zwischen dem Tod eines Papstes und der Wahl eines neuen) darf der Vatikan-Staat zusätzlich Münzen in Höhe von 201.000 EUR Nennwert im Jahr des Todes des Papstes ausgeben.

Heiliges Jahr: In jedem Heiligen Jahr darf der Vatikan-Staat zusätzlich Münzen in Höhe von 201.000 EUR Nennwert ausgeben.

Ökumenisches Konzil: Im Jahr der Eröffnung eines Ökumenischen Konzils darf der Vatikan-Staat zusätzlich Münzen in Höhe von 201.000 EUR Nennwert ausgeben.

> Mit „zusätzlich" ist ein Mehr über dem Münzvolumen im Nennwert zu 670.000 EUR gemeint. Die Nennwertvolumina von 670.000 EUR bzw. 201.000 EUR werden einvernehmlich zwischen den Vertragsparteien im Rhythmus von zwei Jahren angepaßt.

Prägestätte

Geprägt werden gemäß der Währungvereinbarung vom 29. Dezember 2000 die Euro-Münzen des Vatikan-Staats in Rom in der Italienischen Staatsdruckerei und Münze (Istituto Poligrafico e Zecca Dello Stato – IPZS – Sezione Zecca oder la Zecca) – deswegen auch das Münzzeichen R für Rom.

Künstlerische Gestaltung der Euro-Kursmünzen

Die nationalen Seiten der Münzen des Jahrgangssatzes 2002 hat Prof. Guido Veroi gestaltet. Drei verschiedene Versionen des Kopfbilds von Papst Johannes Paul II. sind zu sehen.

Bei der Bildwahl der „nationalen" Seite zeigte sich ursprünglich Unbehagen, besonders im laizistischen Frankreich, wo Staat und Kirche seit 1905 per Gesetz strikt getrennt sind. Diese Unbehagen resultierte aus der Tatsache, daß Sinn und Symbol der neuen Währung der grenzüberschreitende Charakter dieser Münzen ist und daß Euro-Münzen mit dem Papst-Porträt in Frankreich umlaufen könnten. Die Souveränität des Vatikan-Staats war angesprochen, denn die Gestaltung der nationalen Seite steht im Ermessen des jeweiligen Ausgabelands.

Euro-Starter-Kits

Kurz vor Redaktionsschluß der 2. Auflage tauchten am Markt Euro-Starter-Kits des Vatikan-Staats auf, die nach Meldungen nur an die Angestellten des Vatikan-Staats ausgegeben worden sein sollen. Eine Anfrage bei der Ufficio Filatelico e Numismatico blieb leider unbeantwortet. Allerdings bestätigte die staatliche italienische Prägeanstalt, daß sie für den Vatikan-Staat Starter-Kits hergestellt hatte. Das Plastikmaterial der Verpackung ist daher mit dem der italienischen Starter-Kits identisch.

2002	2.000	980,–

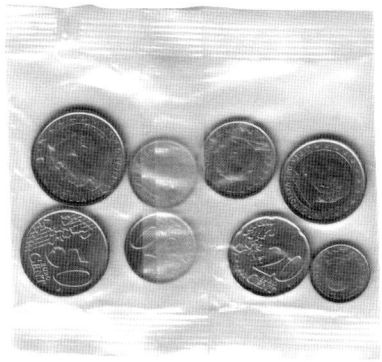

Euro-Kursmünzen

Den Einstieg in das Euro-Zeitalter machte der Vatikan im 24. Pontifikatsjahr (Anno XXIV) seiner Heiligkeit Johannes Paul II. mit einem Jahrgangssatz in zwei Qualitäten:

> 65.000 Sätze in prägefrischer Ausführung und
> 9.000 Sätze in polierter Platte zusätzlich mit einer Medaille

Für den Münzumlauf sind keine Euro-Münzen des Vatikan-Staats geprägt worden.

15-001	**1 Euro-Cent**

Porträt seiner Heiligkeit Johannes Paul II., Oberhaupt des Staates Vatikan-Stadt, im Profil nach links, darüber CITTÀ DEL VATICANO, darunter die Jahreszahl und das Münzzeichen R für Rom; links und rechts jeweils sechs Sterne. Zwischen den Sternen rechts die Initialen des Künstlers GV (Guido Veroi) und des Graveurs UP (Uliana Pernazza).

2002	65.000	im Jahrgangssatz Stgl.	–,–
	9.000	im Jahrgangssatz PP	–,–
2003			–,–

15-002	**2 Euro-Cent**

ähnlich 15-001

2002	65.000	im Jahrgangssatz Stgl.	–,–
	9.000	im Jahrgangssatz PP	–,–
2003			–,–

15-003   5 Euro-Cent

ähnlich 15-001

2002	65.000	im Jahrgangssatz Stgl.	–,–
	9.000	im Jahrgangssatz PP	–,–
2003			–,–

15-004   10 Euro-Cent

Porträt seiner Heiligkeit Johannes Paul II., Oberhaupt des Staates Vatikanstadt, im Profil nach links, darunter Jahreszahl und das Münzzeichen R für Rom; links die Aufschrift CITTÀ DEL VATICANO links und rechts zwölf Sterne. Zwischen den Sternen rechts die Initialen des Künstlers GV (Guido Veroi) und des Graveurs UP (Uliana Pernazza).

2002	65.000	im Jahrgangssatz Stgl.	–,–
	9.000	im Jahrgangssatz PP	–,–
2003			–,–

15-005   20 Euro-Cent

ähnlich 15-004

2002	65.000	im Jahrgangssatz Stgl.	–,–
	9.000	im Jahrgangssatz PP	–,–
2003			–,–

15-006   50 Euro-Cent

ähnlich 15-004

2002	65.000	im Jahrgangssatz Stgl.	–,–
	9.000	im Jahrgangssatz PP	–,–
2003			–,–

15-007   1 Euro

Porträt seiner Heiligkeit Johannes Paul II., Oberhaupt des Staates Vatikan-Stadt, im Profil nach links, im oberen Halbkreis des Rings zwölf Sterne, im unteren Halbkreis des Rings die Aufschrift CITTÀ DEL VATICANO, darunter Jahreszahl und das Münzzeichen R für Rom als Münzstätte. Am rechten Rand des Kerns sind die Initialen des Künstlers GV (Guido Veroi) und des Graveurs UP (Uliana Pernazza).

2002	65.000	im Jahrgangssatz Stgl.	–,–
	9.000	im Jahrgangssatz PP	–,–
2003			–,–

15-008   2 Euro

ähnlich 15-007

Randinschrift: eine Gruppe von zwei Elementen – die Ziffer „2" und ein Stern – in sechsfacher Wiederholung in jeweils abwechselnder Leserichtung.

2002	65.000	im Jahrgangssatz Stgl.	–,–
	9.000	im Jahrgangssatz PP	–,–
2003			–,–

Einzelstücke und lose Sätze

Lose Einzelstücke oder lose Sätze des Vatikans sind außer in den 2000 Starter-Kits für die Angestellten des Vatikan nicht ausgegeben worden.

Euro-Jahrgangssätze

Der Vatikan hat für Sammlerzwecke Euro-Jahrgangssätze geprägt.

Jahrgangssätze in Stgl. / Fior di Conio

2002	65.000	Stgl.		500,–
2003		Stgl.		–,–

Jahrgangssätze in PP / Fondo Specchio

2002	9.000	PP	mit Ag-Medaille	–,–
2003		PP		–,–

Gedenkmünzen in Silber und Gold

Diese Euro-Gedenkmünzen haben nur im Vatikan-Staat die Eigenschaft eines gesetzlichen Zahlungsmittels. Die technischen Merkmale sind die gleichen wie bei den italienischen Gedenkmünzen.

Die technischen Merkmale der vatikanischen Euro-Gedenkmünzen sind die folgenden:

Nennwert Euro	Legierung	Gewicht g	Durchmesser mm
5	Ag925 Cu75	18,0	32,0
10	Ag925 Cu75	22,0	34,0
20	Au		
50	Au		

15-100	**5 Euro**

Europa – ein Projekt des Friedens und der Brüderlichkeit

Erstausgabetag: 10. September 2002

Europa, zum großen Teil durch die Währungseinheit vereint, ist für eine Zukunft in Frieden und Brüderlichkeit gedacht. Dafür stehen der Regenbogen als Symbol des Friedens, der Fluß als Symbol des Lebens und Wohlstands und die Brücke, ein Werk menschlichen Erfindergeistes, als Verbindung zwischen unterschiedlichen Kulturen und Völkern.

Rand: +++TUTUS TUUS +++ MMII

Künstler: Paolo Borghi und als Graveurin Maria Angela Cassol

2002	10.000	PP	–,–

15-101   10 Euro (Planung)

Weltfriedenstag 1. Januar 2002

Erstausgabetag: 2002

Diese Münze erinnert ...

Rand:

Künstler:

2002	Stgl.	–,–
	PP	–,–

15-102   20 Euro (Planung)

Die Arche Noahs

Erstausgabetag: 2002

Diese Münze erinnert ...

Rand:

Künstler:

2002	Stgl.	–,–
	PP	–,–

15-103   50 Euro (Planung)

Abraham auf die Probe gestellt

Erstausgabetag: 2002

Diese Münze erinnert ...

Rand:

Künstler:

2002	Stgl.	–,–
	PP	–,–

4.3 Euro-Kursmünzen nach Nominalen

1 Euro-Cent

Mio. Stück

	1999 Ist	2000 Ist	2001 Ist	2002 Plan
1-001	235,2	–	99,8	40,0
Berlin A	–	–	–	740,0
München D	–	–	–	777,0
Stuttgart F	–	–	–	888,0
Karlsruhe G	–	–	–	518,0
Hamburg J	–	–	–	777,0
2-001	–	–	–	3.700,0
3-001	–	–	–	287,8
4-001	794,0	605,2	300,6	–
5-001	–	–	–	88,0
5-001 F				15,0
6-001	–	–	–	464,0
7-001	–	–	–	750,0
8-001	–	–	–	20,0
9-001	–	–	0,22	
10-001	113,0	211,1	175,9	
11-001	–	–	–	400,0
12-001	–	–	–	290,0
13-001	–	–	–	0,12
14-001	716,4	70,5	79,5	–
15-001	–	–	–	0,07

–: = keine Prägung mit dieser Jahreszahl

2 Euro-Cent

Mio. Stück

	1999 Ist	2000 Ist	2001 Ist	2002 Plan
1-002	–	337,0	–	13,0
Berlin A	–	–	–	460,0
München D	–	–	–	483,0
Stuttgart F	–	–	–	552,0
Karlsruhe G	–	–	–	322,0
Hamburg J	–	–	–	483,0
2-002	–	–	–	2.300,0
3-002	–	–	–	–
4-002	702,1	510,1	249,1	–
5-002	–	–	–	172,0
5-002 F	–	–	–	18,0
6-002	–	–	–	–
7-002	–	–	–	–
8-002	–	–	–	20,0
9-002	–	–	0,32	
10-002	107,5	123,1	169,4	
11-002	–	–	–	216,0
12-002	–	–	–	340,0
13-002	–	–	–	0,12
14-002	114,7	819,3	417,7	–
15-002	–	–	–	0,07

5 Euro-Cent

Mio. Stück

		1999 Ist	2000 Ist	2001 Ist	2002 Plan
1-003		300,0	–	–	50,0
Berlin	A	–	–	–	460,0
München	D	–	–	–	483,0
Stuttgart	F	–	–	–	552,0
Karlsruhe	G	–	–	–	322,0
Hamburg	J	–	–	–	483,0
2-003		–	–	–	2.300,0
3-003		–	–	–	–
4-003		616,2	280,1	217,3	450,0
5-003		–	–	–	288,0
5-003	F	–	–	–	18,0
6-003		–	–	–	–
7-003		–	–	–	–
8-003		–	–	–	20,0
9-003		–	–	0,39	
10-003		242,4	154,8	202,8	
11-003		–	–	–	148,0
12-003		–	–	–	245,0
13-003		–	–	–	0,12
14-003		378,2	472,2	233,8	–
15-003		–	–	–	0,07

10 Euro-Cent

Mio. Stück

	1999 Ist	2000 Ist	2001 Ist	2002 Plan
1-004	181,0	–	145,7	48,0
Berlin A	–	–	–	760,0
München D	–	–	–	798,0
Stuttgart F	–	–	–	861,9
Karlsruhe G	–	–	–	582,1
Hamburg J	–	–	–	798,0
2-004	–	–	–	3.800,0
3-004	–	–	–	–
4-004	447,2	297,4	144,5	360,0
5-004	–	–	–	257,0
5-004 F	–	–	–	24,0
6-004	–	–	–	–
7-004	–	–	–	–
8-004	–	–	–	20,0
9-004	–	–	0,34	
10-004	152,5	203,3	144,2	
11-004	–	–	–	540,0
12-004	–	–	–	275,0
13-004	–	–	–	0,12
14-004	485,0	281,4	116,5	–
15-004	–	–	–	0,07

20 Euro-Cent

Mio. Stück

	1999 Ist	2000 Ist	2001 Ist	2002 Plan
1-005	–	181,0	–	119,0
Berlin A	–	–	–	420,0
München D	–	–	–	441,0
Stuttgart F	–	–	–	504,0
Karlsruhe G	–	–	–	294,0
Hamburg J	–	–	–	441,0
2-005	–	–	–	2.100,0
3-005	–	–	–	–
4-005	454,3	149,0	256,3	260,0
5-005	–	–	–	370,0
5-005 E	–	–	–	21,0
6-005	–	–	–	–
7-005	–	–	–	–
8-005	–	–	–	10,0
9-005	–	–	0,37	
10-005	86,9	67,4	65,7	
11-005	–	–	–	183,0
12-005	–	–	–	145,0
13-005	–	–	–	0,12
14-005	691,5	77,5	108,5	–
15-005	–	–	–	0,07

50 Euro-Cent

Mio. Stück

	1999 Ist	2000 Ist	2001 Ist	2002 Plan
1-006	197,0	–	–	103,0
Berlin A	–	–	–	420,0
München D	–	–	–	441,0
Stuttgart F	–	–	–	504,0
Karlsruhe G	–	–	–	294,0
Hamburg J	–	–	–	441,0
2-006	–	–	–	2.100,0
3-006	–	–	–	–
4-006	105,8	179,5	276,3	280,0
5-006	–	–	–	145,0
5-006 F	–	–	–	18,0
6-006	–	–	–	–
7-006	–	–	–	–
8-006	–	–	–	10,0
9-006	–	–	0,30	
10-006	113,8	72,8	63,4	
11-006	–	–	–	200,0
12-006	–	–	–	190,0
13-006	–	–	–	0,12
14-006	79,0	773,1	343,9	–
15-006	–	–	–	0,07

1 Euro

Mio. Stück

	1999 Ist	2000 Ist	2001 Ist	2002 Plan
1-007	160,0	–	–	120,0
Berlin A	–	–	–	440,0
München D	–	–	–	462,0
Stuttgart F	–	–	–	528,0
Karlsruhe G	–	–	–	308,0
Hamburg J	–	–	–	462,0
2-007	–	–	–	2.200,0
3-007	–	–	–	–
4-007	301,1	297,3	150,2	270,0
5-007	–	–	–	118,0
5-007 S	–	–	–	15,0
6-007	–	–	–	–
7-007	–	–	–	–
8-007	–	–	–	10,0
9-007	–	–	0,97	
10-007	64,1	62,9	43,0	
11-007	–	–	–	260,0
12-007	–	–	–	85,0
13-007	–	–	–	0,12
14-007	nicht bekannt	132,5	284,6	–
15-007	–	–	–	0,07

2 Euro

Mio. Stück

		1999 Ist	2000 Ist	2001 Ist	2002 Plan
1-008		–	120,0	–	50,0
Berlin	A	–	–	–	300,0
München	D	–	–	–	315,0
Stuttgart	F	–	–	–	360,0
Karlsruhe	G	–	–	–	210,0
Hamburg	J	–	–	–	315,0
2-008		–	–	–	1.500,0
3-008		–	–	–	–
4-008		56,7	171,1	237,9	180,0
5-008		–	–	–	162,0
5-008	S	–	–	–	6,0
6-008		–	–	–	–
7-008		–	–	–	–
8-008		–	–	–	10,0
9-008		–	–	0,9	
10-008		12,8	50,2	97,0	
11-008		–	–	–	200,0
12-008		–	–	–	50,0
13-008		–	–	–	0,12
14-008		nicht bekannt	65,1	133,6	–
15-008		–	–	–	0,07

4.4 Anhang: Die Euro-Banknoten

Das Europäische Währungsinstitut (EWI), der Vorläufer der Europäischen Zentralbank, hatte im Januar 1995 zwei Themen für die Gestaltungsentwürfe der sieben Euro-Scheine (5, 10, 20, 50, 100, 200 und 500 Euro) vorgegeben.

Im Januar 1996 wurden vom Rat des EWI detailliert die technischen Spezifikationen der Scheine festgelegt (modernste Sicherheitsmaßnahmen gegen Fälschungen z. B. Sicherheitsfaden, Licht beugende oder reflektierende Folien, Kinegrams, [= Bewegungsbilder], benutzerfreundliche Gestaltung der Banknoten für Sehbehinderte und Blinde, fühlbare Druckelemente).

Für Sehbehinderte und Blinde dienen in Absprache mit der Europäischen Blindenunion fünf Merkmale zur Unterscheidung der einzelnen Banknoten:

> Deutlich unterscheidbare **Hauptfarben**
> Unterschiedliche **Banknotengrößen**
> Ertastbare **Reliefs**
> Notenwerte in großen, **deutlich sichtbaren Wertzahlen**
> Anwendung des **Stichtiefdruckverfahrens,** wodurch sich bei einigen Elementen eine erhabene Oberfläche einstellt. Durch dieses Druckverfahren sind ertastbar: Wertzahl, Abkürzungen der Europäischen Zentralbank und Fenster und Tore
> Durch Alter und Abnutzung kann das Relief jedoch nach und nach verloren gehen.

Besondere Sicherheitsmerkmale der Euro-Banknoten, soweit sie mit bloßem Auge zu erkennen sind

> **Wasserzeichen** – bei der Produktion des Papiers bereits entstanden
> **Sicherheitsfaden** – bei der Produktion des Papiers bereits eingearbeitet (im Gegenlicht erscheint das Wort EURO und die Wertzahl wechselweise lesbar und spiegelverkehrt)
> **Durchsichtsregister** – Unregelmäßige Zeichen ergeben im Gegenlicht betrachtet eine vollständige Wertzahl
> **Spezialfolienstreifen** – Bewegt man die Banknote, so sieht man wechselweise ein mehrfarbiges Euro-Symbol und die Wertzahl als Hologramm
> **Spezialfolienelement** – Bewegt man die Banknote, so sieht man wechselweise das auf der Banknote abgebildete Architekturmotiv und die Wertzahl als Hologramm
> **Optisch variable Farbe** – Die Wertzahl erscheint je nach Betrachtungswinkel andersfarbig
> **Iriodinstreifen** – Beim Kippen der Banknote gegen eine Lichtquelle glänzt der Streifen unterschiedlich und zeigt das Euro-Symbol und die Wertzahl als Aussparung

Am 12. Februar 1996 wurde der Gestaltungswettbewerb ausgeschrieben. Einreichungsfrist war der 13. September 1996.

Eine Gruppe unabhängiger Juroren aus den EU-Mitgliedsstaaten ohne Dänemark nahm die Vorauswahl vor. Wegen der allgemeinen Akzeptanz wurde eine öffentliche Meinungsumfrage bei etwa 2000 Personen in der gesamten EU durchgeführt.

Im Dezember 1996 wählte der Rat des EWI die Entwürfe des Österreichers Robert Kalina von der Oesterreichischen Nationalbank aus. Am 13. Dezember 1996 wurden die Entwürfe der neuen Geldscheine auf dem EU-Gipfel in Dublin der Öffentlichkeit erstmals vorgestellt.

Nach einigen Änderungen und Verbesserungen billigte der Rat des EWI im Juni 1997 die überarbeiteten Entwürfe.

Der österreichische Künstler hat das Thema „Zeitalter und Stile in Europa" behandelt[14]. Die Baustile aus sieben Epochen der europäischen Kulturgeschichte[15] sind mit drei Architekturelementen (Fenster, Tore und Brücken) vertreten. Die Baustile – gemeinsames Kulturerbe – sind

– Klassik, Romanik, Gotik,
– Renaissance, Barock und Rokoko, Eisen- und Glasarchitektur
– sowie moderne Architektur des 20. Jahrhunderts.

Fenster und Tore symbolisieren den Geist der Offenheit und gegenseitiger Zusammenarbeit und die Brücken sind Sinnbilder sowohl für die Verbindungswege zwischen den Völkern Europas als auch zwischen Europa und der übrigen Welt.

Da lateinische und griechische Schreibweisen in Europa verwendet werden, wird die Währungsbezeichnung Euro sowohl in lateinischer (EURO) als auch in griechischer Schreibweise (ΕΥΡΩ) angegeben.

Auf allen Euro-Geldscheinen sind auf den Rückseiten, rechts unten, neben dem griechischen Wort ΕΥΡΩ und über der linken Kontrollziffer die überseeischen Territorien von Frankreich, Spanien und Portugal angedeutet: Französisch-Guyana, Guadeloupe, Martinique, Réunion, die Kanarischen Inseln, die Azoren und Madeira.

---

14) Das andere Thema war weitergefaßt für ein abstraktes/modernes Aussehen.
15) vgl. dazu den Beschluß der Europäischen Zentralbank vom 7. Juli 1998

Die banknotenausgebende Institution, die Europäische Zentralbank, wird mit fünf unterschiedlichen Schreibweisen angegeben:

BCE

Banque Centrale Européenne   Französisch
Banca Centrale Europea   Italienisch
Banco Central Europeo   Spanisch
Banco Central Europeu   Portugiesisch
An Banc Ceannais Eorpach   Gälisch/Irisch

ECB

Europese Centrale Bank   Niederländisch
Den Europæiske Centralbank   Dänisch
Europeiska Centralbanken   Schwedisch
European Central Bank   Englisch

EKP

Euroopan Keskuspankki   Finnisch

EKT

ΕΥΡΩΠΑΪΚΗ ΚΕΝΤΡΙΚΗ ΤΡΑΠΕΖΑ oder Evropaiki Kentriki Trapeza
Griechisch

EZB

Europäische Zentralbank   Deutsch

Jedes Banknoten-Nominal hat seine eigene Hauptfarbe.

Das Sternenlogo auf blauem Hintergrund (Europa-Fahne) wird auf der Vorderseite gezeigt.

Deutlich verschiedene Abmessungen erleichtern die Unterscheidung. Es gilt: Je größer der Nennwert, desto größer die Banknote.

Die Banknoten haben – anders als die Euro-Münzen – ein einheitliches Aussehen in allen Euro-Ländern. Hinweise auf nationale Elemente fehlen.

Das jeweilige Euro-Banknoten ausgebende Land erkennt man allerdings an dem Länderbuchstaben, der vor der Kontrollzahl steht. Dieser Länderbuchstabe wird durch eine zweistellige Kennzahl ersetzt, so daß über einen Algorithmus (bestimmtes Rechenverfahren über die Bildung der Quersumme) eine weitere Echtheitsprüfung der jeweiligen Banknote möglich ist.

Bsp.: **Deutsche 5-Euro-Note: X09986275262** = 340998627526 = Quersumme: 61;
Quersumme : '9' = 6 Rest 7; '9' – Rest '7' = 2 = letzte Ziffer der Kontrollnummer.
Belgische 20-Euro-Note: Z42918097824 = 364291809782 = Quersumme: 59;
Quersumme : '9' = 6 Rest 5; '9' – Rest '5' = 4 = letzte Ziffer der Kontrollnummer.

Die jeweilige Druckfirma der Euro-Banknote ist über einen weiteren (kleinen) Buchstaben (Druckereikennung) in der Banknote gekennzeichnet.

Der Länderbuchstabe mit der zweistelligen Kennzahl sowie Druckereikennung sind demnach wie folgt:

Belgien	Z	36	T = Banque Nationale de Belgique
Deutschland	X	34	P = Giesecke & Devrient; R = Bundesdruckerei
Finnland	L	22	D = Setec Oy
Frankreich	U	31	L = Banque de France; E = F.C. Oberthur
Griechenland	Y	35	N = Bank of Greece
Irland	T	30	K = Central Bank of Ireland
Italien	S	29	J = Banca d'Italia
Luxemburg	R	28	–
Niederlande	P	26	G = J. Enschede Security Printing
Österreich	N	24	F = Oesterreichische Nationalbank
Portugal	M	23	U = Valora , Carregado
Spanien	V	32	M = Fabrica Nacional de Moneda y Timbre

Für die weiteren Beitrittsländer sind reserviert:

Dänemark	W	S = Danmarks Nationalbank
Großbritannien	J	H = De La Rue; A = Bank of England Printing Works
Schweden	K	C = AB Tumba Druk

Nach Art. 105a des Maastricht-Vertrags hat die EZB das ausschließliche Recht zur Genehmigung der Ausgabe von Banknoten innerhalb der Gemeinschaft. Diese von der EZB und den nationalen Zentralbanken ausgegebenen Banknoten sind die einzigen Banknoten, die in der Gemeinschaft als gesetzliches Zahlungsmittel gelten.

14 EU-Mitgliedsstaaten haben eigene Banknotendruckereien, nur Luxemburg bezieht seine Banknoten aus dem Ausland (Deutschland und Niederlande). In Deutschland kann die Bundesbank auf eine private Druckerei (Giesecke & Devrient GmbH in München und Leipzig) und auf die Bundesdruckerei GmbH mit Sitz in Berlin zurückgreifen. Die Bundesdruckerei ist 1994 von einem reinen Staatsunternehmen in eine GmbH umgewandelt worden. Die Bundesdruckerei stellt traditionell die Hälfte aller deutschen Banknoten, egal ob DM- oder Euro-Noten, her.

Druckerei-Standorte der Euro-Banknoten
(siehe Karte „Die Druckereien der Euro-Banknoten")

Belgien
Nationale Bank van België/Banque National de Belgique/
Nationalbank von Belgien, Brüssel *

Deutschland
Bundesdruckerei GmbH in Berlin sowie Giesecke & Devrient GmbH in München
und Leipzig

Finnland
Setec Oy, Vantaa/Vanda **

Frankreich
Banque de France, Chamalières *

Griechenland
Bank of Greece, Athen *

Irland
Central Bank of Ireland, Dublin *

Italien
Banca d'Italia, Rom *

Luxemburg
keine eigene nationale Noten-Druckerei, Auftragsvergabe an die Bundesdruckerei
in Berlin und an „Johan Enschedé en Zonen" in Haarlem (NL)

Niederlande
Privatdruckerei Johan Enschedé en Zonen, Haarlem bei Amsterdam

Österreich
Oesterreichische Banknoten- und Sicherheitsdruck GmbH (OeBS), Wien **

Portugal
Valora, Carregado

Spanien
Fábrica Nacional de Moneda y Timbre, Madrid **

* Diese Druckereien sind den jeweiligen Zentralbanken zugeordnet.
** Als 100%ige Tochter (Kapitalgesellschaft) der Nationalbank geführt.

Übersicht der Merkmale der Euro-Noten

	Hauptfarbe	Abmessung in mm Breite x Höhe	Motiv
5 Euro	grau	120 x 62	Klassik
10 Euro	rot	127 x 67	Romanik
20 Euro	blau	133 x 72	Gotik
50 Euro	orange	140 x 77	Renaissance
100 Euro	grün	147 x 82	Barock und Rokoko
200 Euro	gelb	153 x 82	Eisen- und Glasarchitektur
500 Euro	lila	160 x 82	moderne Architektur des 20. Jahrhunderts

Die Produktion dieser Euro-Noten ist ähnlich teuer wie die der DM-Scheine: 0,08 bis 0,09 Euro/Schein.

Übersicht der Euro-Noten* und nationalen Banknoten

	Belgien	Deutschland	Finnland	Frankreich	Griechenland	Irland	Italien	Luxemburg	Niederlande	Österreich	Portugal	Spanien	Total
Mio. Stück	530	4342	219	2570	581	243	2380	46	655	520	535	1924	**14545**
5 Euro													**2415**
10 Euro													**3013**
20 Euro													**3608**
50 Euro													**3674**
100 Euro													**1246**
200 Euro													**229**
500 Euro													**360**
Einwohner Mio.	10,2	82,0	5,1	58,5	10,5	3,6	57,5	0,4	15,6	8,1	9,9	39,3	300,7
Euro-Noten pro Kopf	52	49	33	44	55	50	34	113**	39	64	45	49	43

* Euro-Banknoten bis Ende 2001 zu fertigen – Bedarfsschätzung!
** Die hohe Pro-Kopf-Zahl bei Luxemburg ist u. a. bedingt durch die Mindestauflage und durch den Umstand, daß seit der Währungsassoziation mit Belgien in Luxemburg in nicht bekanntem Umfang belgische Banknoten im Verkehr waren, die ersetzt werden mußten.

Bei der **Anzahl** der Banknoten ist folgendes zu beachten:

> Die Euro-Mengen geben den Umlaufsbedarf **und** die **Reserve** an. Man schätzt, daß 10 Mrd. Banknoten als Ersatz der nationalen Banknoten gebraucht werden, der Rest in Höhe von 4,5 Mrd. Stück geht in die logistische Reserve.

Der Wert dieser 14,5 Mrd. Euro-Banknoten beläuft sich auf knapp 650 Mrd. Euro.

5 Euro

*Das Tor ist ein Stilelement aus der griechisch-römischen Antike (Klassik) –
ein Hinweis auf die geschichtlichen Wurzeln Europas.*

(Abbildung 50 % der Originalgröße)

10 Euro

Der abgebildete romanische Torbogen ist ein typisches Stilelement des frühen Mittelalters, wie es bei Kirchen dieser Zeit häufig zu finden ist.

(Abbildung 50 % der Originalgröße)

20 Euro

Die Gotik ist am Spitzbogen des Fensters und am Strebewerk des Brückenpfeilers zu erkennen.

(Abbildung 50 % der Originalgröße)

50 Euro

Die Renaissance (die Zeit Albrecht Dürers, Michelangelos und Leonardo da Vincis) demonstriert den Wandel vom Mittelalter zur Neuzeit. Ihr Ausgangspunkt war Italien, und sie strahlte auf alle europäischen Länder aus.

(Abbildung 50 % der Originalgröße)

100 Euro

Auf diesem Schein wird die Stilepoche des Barocks und die dazugehörige Lebensfreude dargestellt. Architektur und Natur durchdringen sich gegenseitig. Die geometrisch konstruierte Gartenanlage wird als Freiraum in die Architektur einbezogen.

(Abbildung 50 % der Originalgröße)

200 Euro

Die Elemente der Glas- und Eisenarchitektur (Beginn des 20. Jahrhunderts) weisen auf die Moderne.

(Abbildung 50 % der Originalgröße)

500 Euro

Die moderne Architektur gegen Ende des 20. Jahrhunderts betont den Zusammenhang zwischen Zweck und Form im Baustil.

(Abbildung 50 % der Originalgröße)

Die Vorderseiten der Euro-Münzen

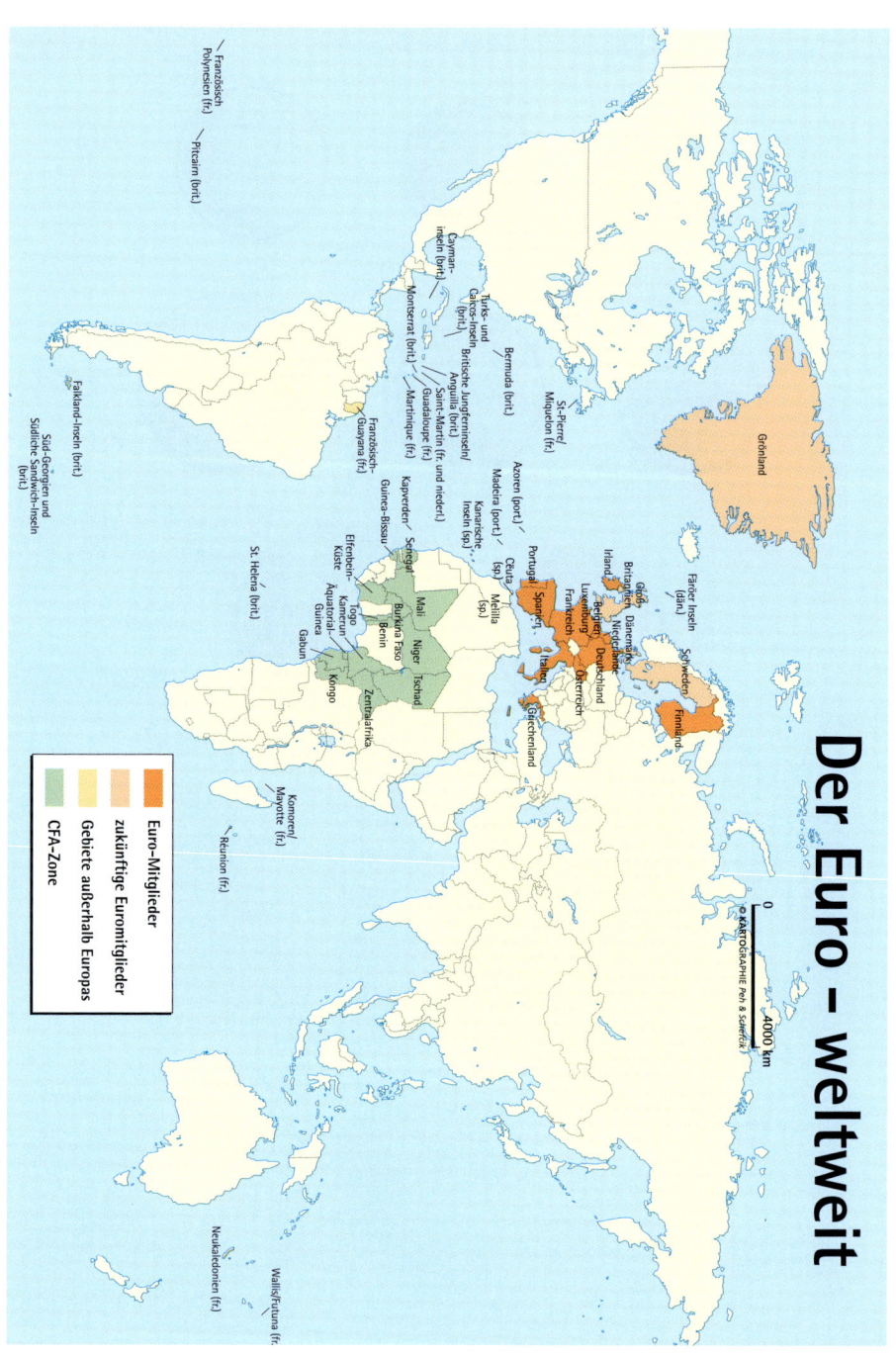

Der Euro – weltweit

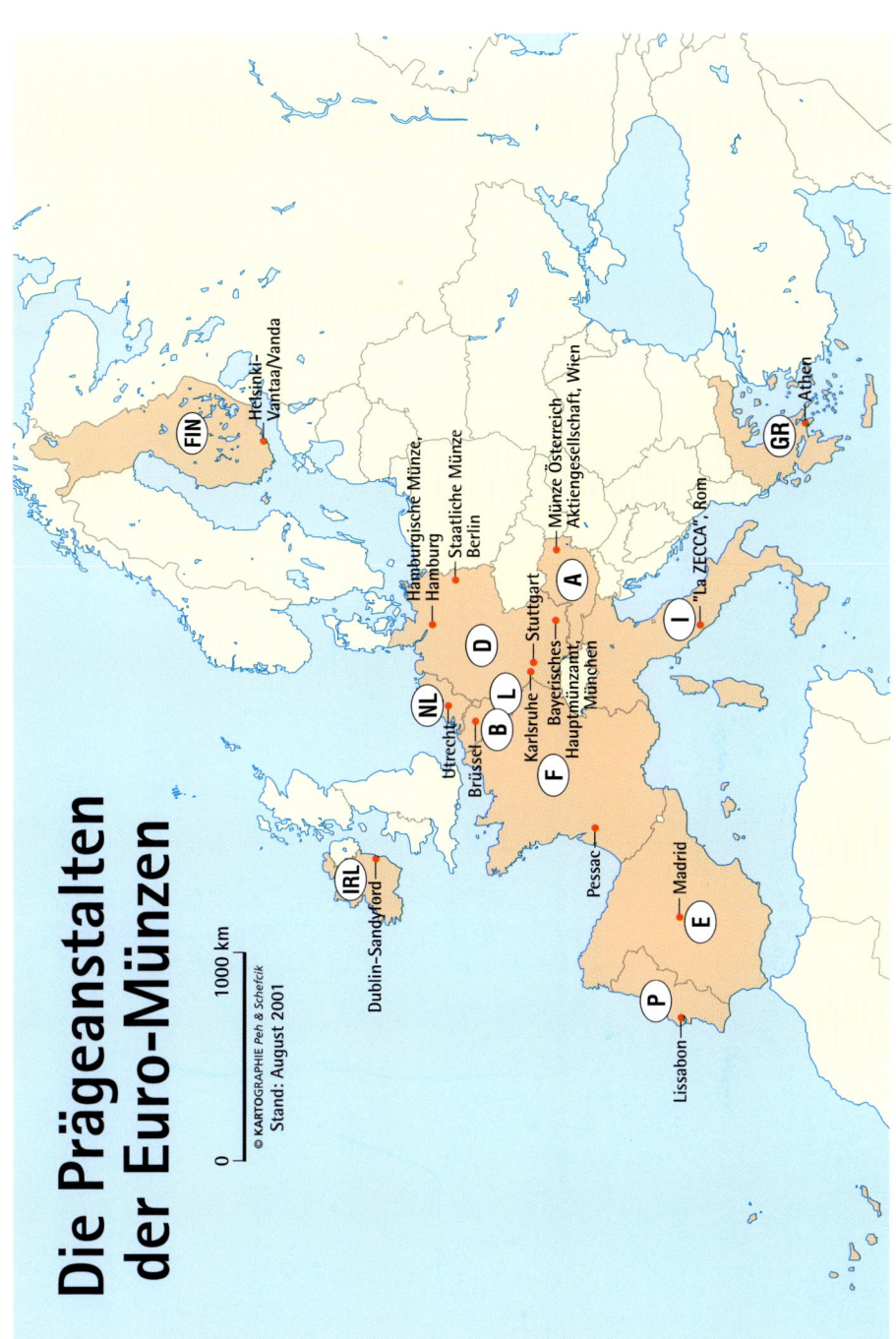

Die Prägeanstalten der Euro-Münzen

@ KARTOGRAPHIE *Peh & Scheßik*
Stand: August 2001

0 — 1000 km

FIN — Helsinki–Vantaa/Vanda

Hamburgische Münze, Hamburg

Staatliche Münze Berlin

Münze Österreich Aktiengesellschaft, Wien

GR — Athen

A

"La ZECCA", Rom

I

Stuttgart

D

Karlsruhe

Bayerisches Hauptmünzamt, München

NL — Utrecht

L

B — Brüssel

F

Pessac

Madrid

E

IRL — Dublin–Sandyford

P — Lissabon

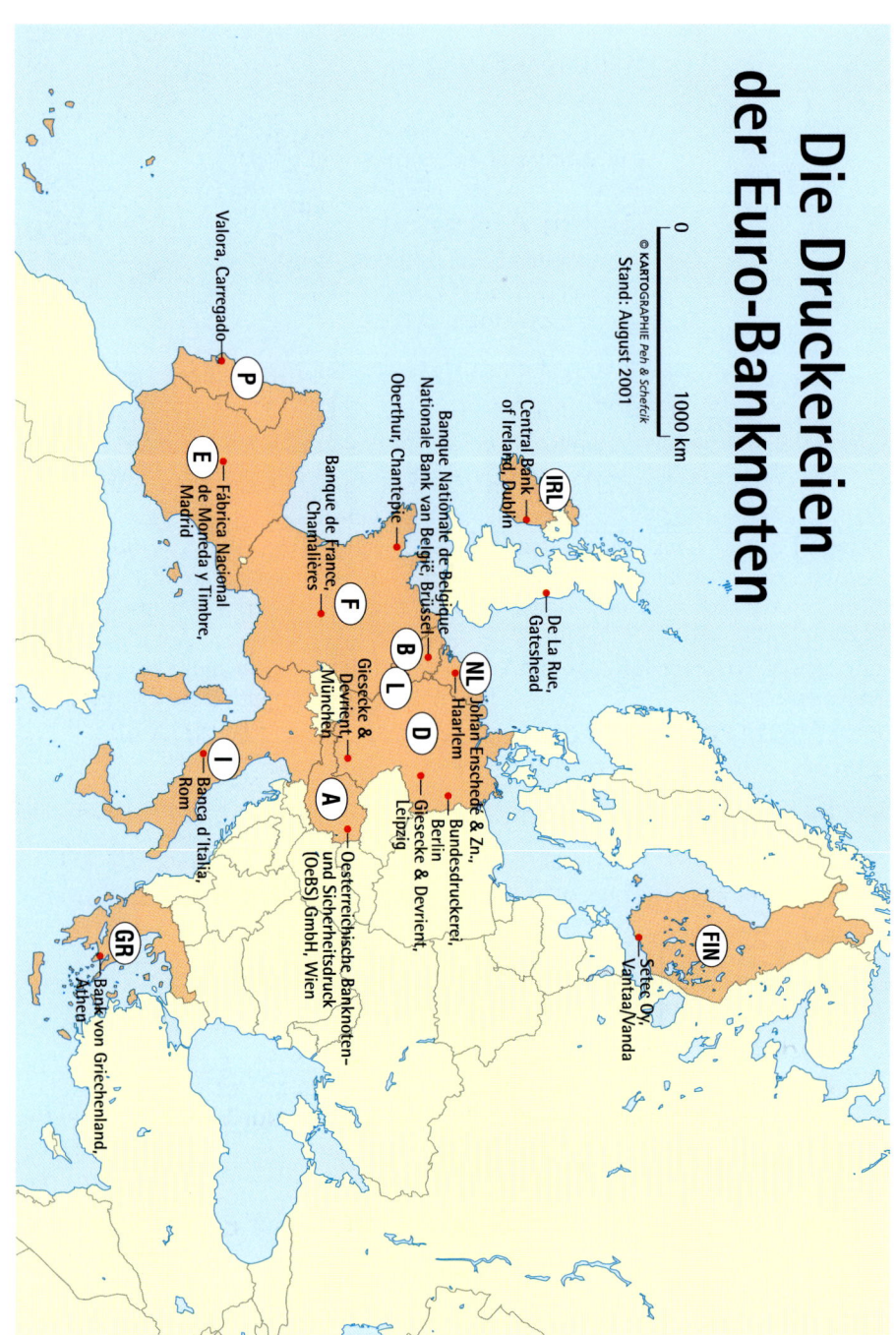

Die Druckereien der Euro-Banknoten

0 1000 km

© KARTOGRAPHIE Peh & Schefcik
Stand: August 2001

Valora, Carregado

P

E — Fábrica Nacional de Moneda y Timbre, Madrid

Oberthur, Chantepie

Banque Nationale de Belgique/ Nationale Bank van België, Brüssel

Banque de France, Chamalières

F

Central Bank of Ireland, Dublin

IRL

De La Rue, Gateshead

NL Johan Enschedé & Zn., Haarlem

B

L

Giesecke & Devrient, München

D

Bundesdruckerei, Berlin

Giesecke & Devrient, Leipzig

I — Banca d'Italia, Rom

A

Oesterreichische Banknoten- und Sicherheitsdruck (OeBS) GmbH, Wien

GR — Bank von Griechenland, Athen

Setec Oy, Vantaa/Vanda

FIN

ANKAUF – VERKAUF
www.euro-coins.com
www.kleiner-muenzen.de
Spezialgebiet
Kursmünzen BRD / DDR
Euro-Münzen aller Länder
100 € + 200 € Gold
Original-Euro-Kurssätze
KLEINER MÜNZVERSAND
Münzversand Kleiner
Katalog gratis
Birkenstraße 44 · 71296 Heimsheim
Telefon (0 70 33) 39 12 90 · Fax (0 70 33) 3 63 94
info@kleiner-muenzen.de

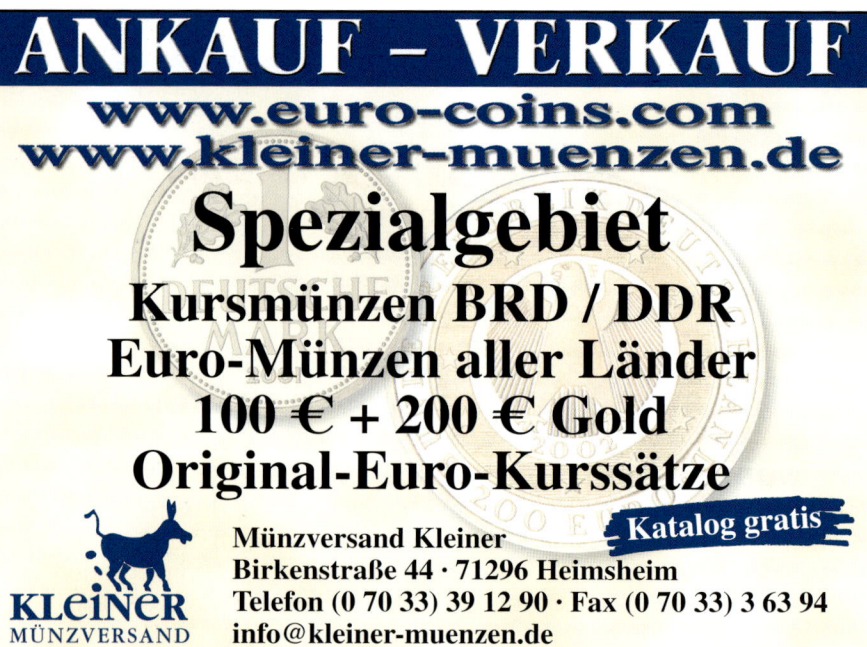

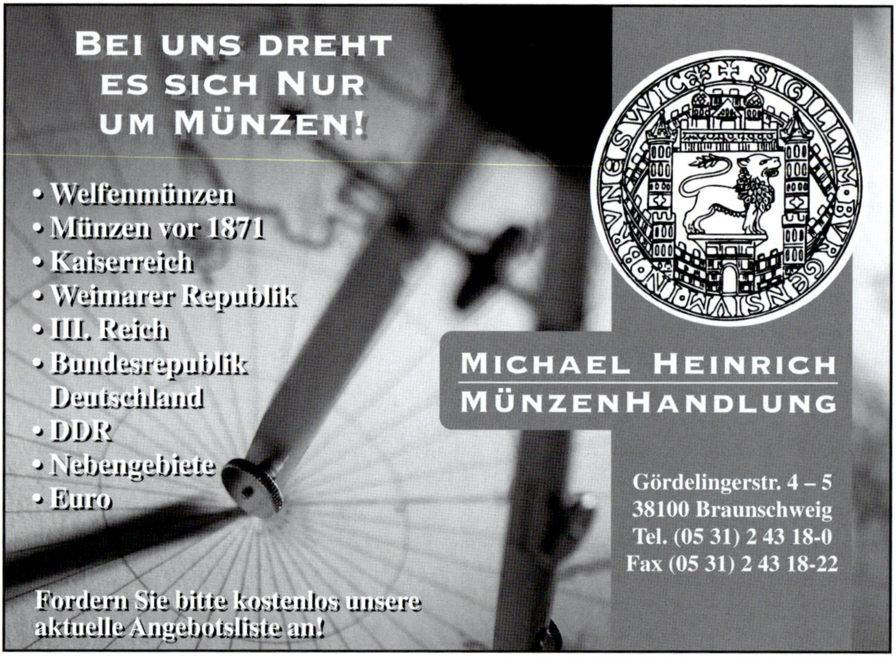
BEI UNS DREHT ES SICH NUR UM MÜNZEN!
• Welfenmünzen
• Münzen vor 1871
• Kaiserreich
• Weimarer Republik
• III. Reich
• Bundesrepublik Deutschland
• DDR
• Nebengebiete
• Euro
MICHAEL HEINRICH
MÜNZENHANDLUNG
Gördelingerstr. 4 – 5
38100 Braunschweig
Tel. (05 31) 2 43 18-0
Fax (05 31) 2 43 18-22
Fordern Sie bitte kostenlos unsere aktuelle Angebotsliste an!

Runde Sache:
die 1. deutsche
Euro-Gedenkmünze

Pünktlich zur Einführung der neuen Währung wird im Januar 2002

die erste nationale Euro-Gedenkmünze herausgegeben. Das 10-Euro-Stück

aus Sterlingsilber basiert auf dem Entwurf des Münchner Künstlers Erich Ott.

Beeindruckend: die klare Formensprache auf Bild- und Wertseite.

Erstere zeigt die Konturen Europas innerhalb des Globus, mit besonderer

Hervorhebung der EU-Mitgliedsstaaten; letztere den Bundesadler und

die Europasterne. Die Randschrift lautet „Im Zeichen der Einigung Europas".

Die erste deutsche Euro-Gedenkmünze wird ausschließlich in Stuttgart

geprägt und trägt daher das Münzzeichen F.

Bestellen Sie die 1. deutsche Euro-Gedenkmünze bei der Verkaufsstelle für Sammlermünzen
Postfach 1245 · 61282 Bad Homburg v.d.H. · Tel. 06172/ 108 521 · Fax 06172/ 108 450 · www.bsv.de

Freie und Hansestadt Hamburg
Landesbetrieb Hamburgische Münze

STAATLICHE MÜNZEN
BADEN-WÜRTTEMBERG
Karlsruhe   Stuttgart

BAYERISCHES
HAUPTMÜNZAMT
MÜNCHEN

STAATLICHE MÜNZE BERLIN
seit 1280

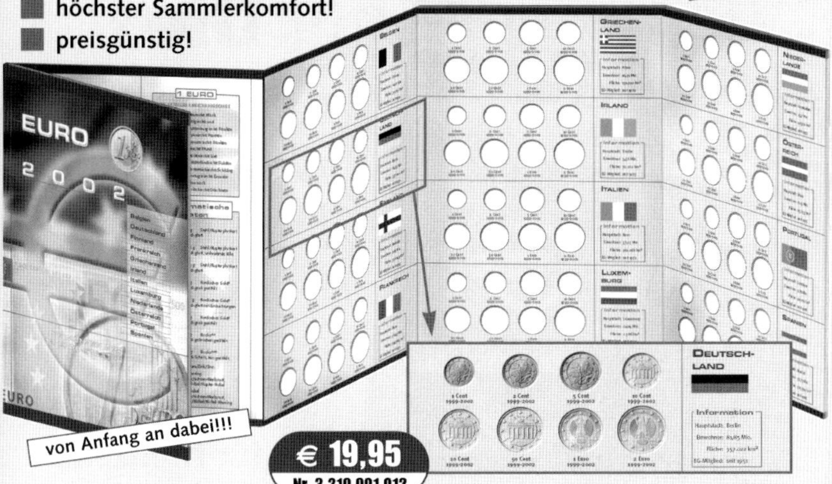

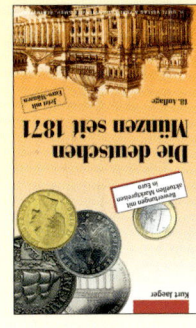

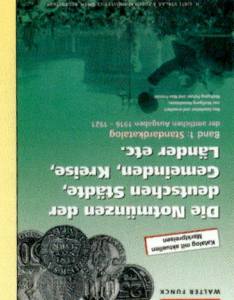
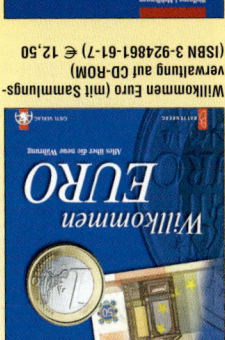
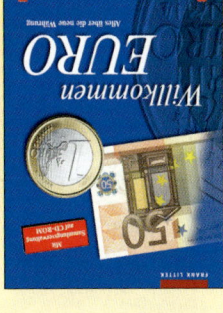
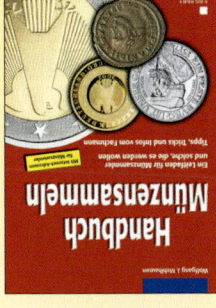

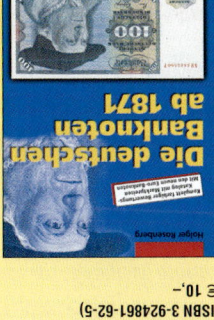

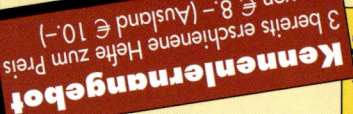
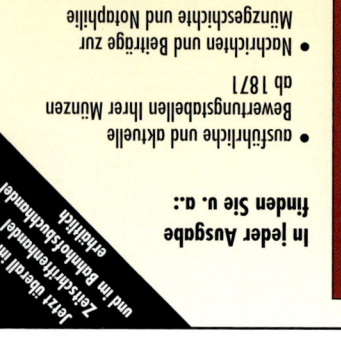